In 2016 startte de Tiny Housing in Al ideeënprijsvraag. meedoen. De winnaars bouwden vrijstaande, geschakelde of gestapelde huisjes. Deze zijn allemaal vergund. Alle huizen worden inmiddels bewoond. Winnaars die er niet zelf zijn gaan wonen, hebben kopers of huurders gevonden. De huisjes zijn een belangrijke inspiratiebron voor klein wonen elders: op lege plekken, als inbreiding, als volwaardige nieuwbouwwijken of op daken.

The BouwEXPO Tiny Housing in Almere began in 2016 with an ideas competition, open to everybody. The winners built freestanding and semi-detached houses and apartments. All of them received residential building permits and are now lived in. Winners who do not live in the houses they designed have found buyers or tenants to occupy them. The houses are a source of inspiration for tiny housing initiatives elsewhere – on vacant sites, infill developments or roofs, or as full-fledged new-build neighbourhoods.

'Een wijkje als dit smaakt naar meer.'

'A neighbourhood that leaves us wanting more.'

Loes Ypma, Wethouder Wonen / Zorg en Floriade
Alderwoman for Housing / Care and Floriade

VOORWOORD

FOREWORD KAJSA OLLONGREN

Minister van Binnenlandse Zaken en Koninkrijksrelaties
Minister of the Interior and Kingdom Relations

Er is alle reden om veel aandacht te besteden aan de bijna acht miljoen woningen in ons land: zijn het er genoeg, zijn ze veilig en duurzaam, staan ze op de goede plek, past het woningtype bij de wensen van mensen? Er is geen statisch antwoord te geven op deze vragen; de maatschappij verandert voortdurend, en daarmee de woningbehoefte.
Een passend woningaanbod gaat dan ook hand in hand met veranderingen in de samenleving. Een van de meest opvallende en structurele trends is het kleiner worden van de huishoudens. Inmiddels bestaat meer dan zestig procent van de huishoudens uit één of twee personen. Een deel van de mensen wil klein wonen, soms is dat vanwege financiële redenen, zeker als je starter bent op de woningmarkt. Soms is dat vanwege ideologische redenen. Er zijn mensen die zelf een bijdrage aan een duurzame samenleving willen geven door te kiezen voor klein wonen. Voor hen betekent dat minder verspilling en vaak gaat dat hand in hand met een keuze tegen de wegwerpmaatschappij. Klein wonen betekent ook een keuze voor stedelijkheid. Door meer kleine woningen in de stad te realiseren kan een groot deel van de vraag in de stad worden opgevangen. Daarmee houden we de uitbreiding van de steden en

There is every reason to consider the almost eight million houses in our country. Are there enough of them? Are they safe and sustainable? Are they in the right places? Does the type of housing align with the wishes of the occupants? The answers to such questions are not static, because society is constantly evolving, and with it our housing needs.
An adequate supply of housing should therefore mirror changes in society. One of the most striking and structural trends is the decreasing size of households. More than sixty percent of households now consist of one or two people. Financial considerations are a factor for some people, certainly those entering the housing market for the first time. Others are driven by ideological motives. Such individuals want to contribute to a sustainable society by choosing for a compact home. For them, that means producing less waste and rejecting the disposable society. Tiny housing also represents a choice for urban living. Constructing more tiny houses in cities would enable us to meet a large portion of the demand within cities. That would help limit the expansion of cities into the countryside.
By building more tiny houses (maximum 50m$^{2)}$, we ensure that more small households occupy appropriate homes, and we meet the needs of people who choose for small homes. The Ministry of the Interior and Kingdom Relations is pleased to contribute to this effort. With the Regional Development

daarmee bebouwing in het groen beperkt. Door meer kleine woningen (tot 50 m^2) aan te bieden, zorgen we ervoor dat kleine huishoudens vaker passend kunnen wonen en sluiten we aan bij wensen van mensen die klein willen wonen. Het Ministerie van BZK levert hier graag een bijdrage aan. Met o.a. het Regionaal Ontwikkelingsprogramma (ROP) van het Rijksvastgoedbedrijf, dat in juni 2018 werd gelanceerd, willen we nog meer en nog actiever dan voorheen een rol spelen bij maatschappelijke opgaven. De behoefte aan meer kleine woningen hoort daar zeker bij.

Ik ben dan ook zeer verheugd dat deze opgave concreet is opgepakt. Geheel in de stijl van het ROP zijn we met de gemeente Almere aan de slag gegaan. De samenwerking tussen Rijk en regio (Almere 2.0) waardeer ik ten zeerste. Het is ook geen toeval dat Almere onze partner is, want deze gemeente heeft inmiddels een indrukwekkende traditie opgebouwd in het realiseren van experimentele woonvormen – denk aan zelfbouw in het Homeruskwartier en de gedurfde, organische ontwikkelingsstrategie in Oosterwold. Dat het Rijksvastgoedbedrijf veel grond bezit in Flevoland maakt deze samenwerking nog logischer en effectiever.

Dit boek vormt een prachtige weergave van wat de samenwerking heeft opgeleverd. Met de BouwEXPO Tiny Housing als basis is klein wonen niet alleen een visie of concept, het is ook uitgewerkt en daadwerkelijk gebouwd. Daarmee worden bouwstenen aangereikt die overal in het land kunnen worden toegepast, en zelfs daarbuiten. Denk bijvoorbeeld aan de overzeese gebiedsdelen: ook daar kunnen kleine woningen goed van pas komen. Klein wonen is kortom een uiterst relevante trend die onze woningvoorraad beter laat aansluiten bij de woningbehoefte.

Veel leesplezier!

Programme (ROP) of the Central Government Real Estate Agency, launched in June 2018, we want to play a greater and more active role in tackling social issues than we did in the past. And the demand for more tiny houses is definitely one of those issues. That is why I am particularly pleased that this challenge has been met so tangibly. Completely in keeping with the ROP, we worked with the municipality of Almere.

I also very much appreciate this collaboration between national government and region (Almere 2.0). It is no coincidence that Almere is our partner, because this municipality has built up an impressive tradition in experimental housing developments – just think of the self-build homes in the Homerus district and the adventurous and organic development strategy in Oosterwold. The fact that the Central Real Estate Agency possesses so much land in Flevoland makes this collaboration more logical and effective.

This book offers a wonderful account of what the collaboration has produced. With the BouwEXPO Tiny Housing as a basis, tiny housing has become more than a vision or concept. It has been elaborated and actually built. The strategies devised here can be deployed elsewhere in the country, or further afield. Consider, for example, our overseas territories, where tiny houses prove very suitable. In other words, tiny housing is an extremely relevant trend that allows our housing stock to align better with housing demand.

Happy reading!

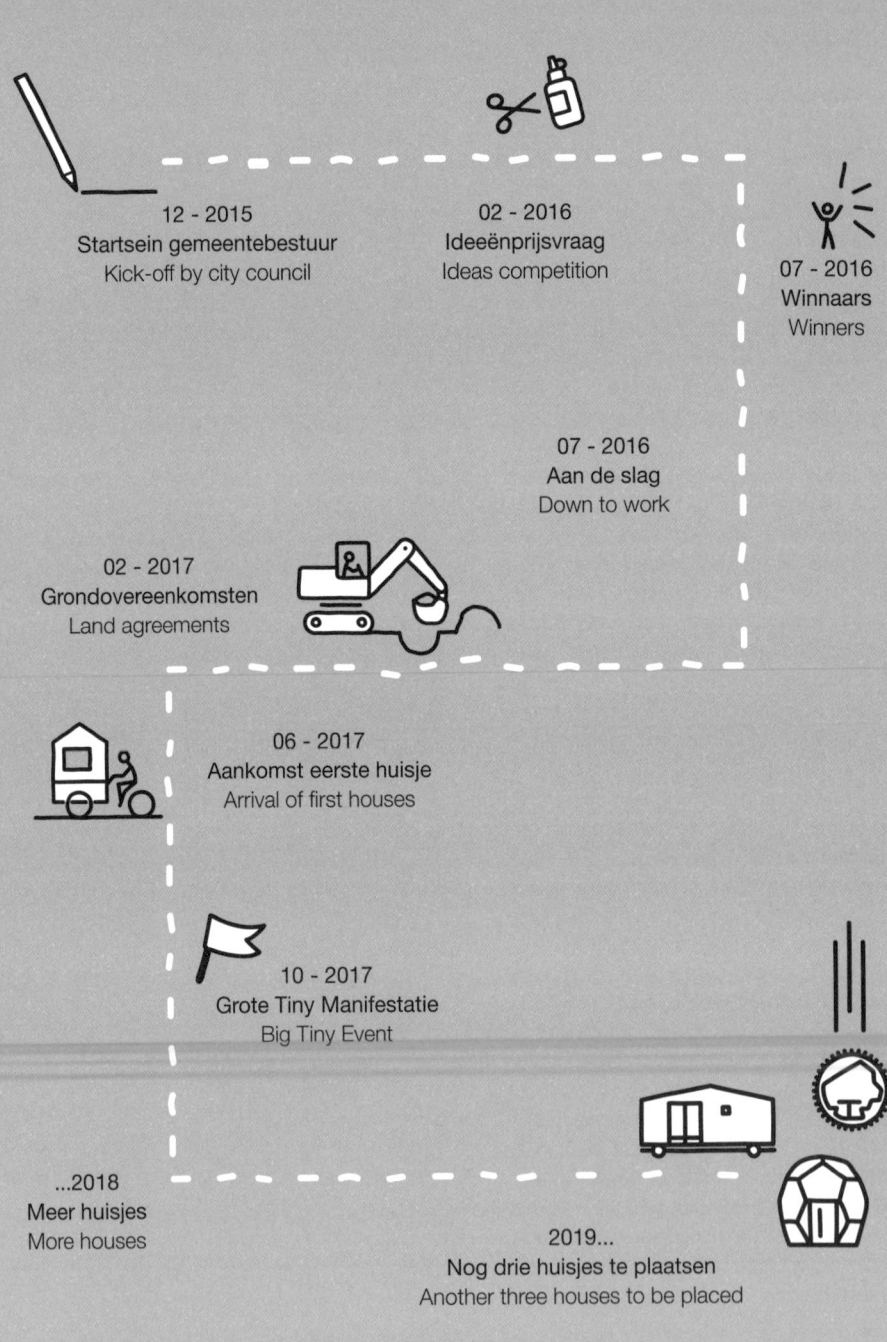

INHOUD / CONTENTS

10	**Almere: stad van innovatieve woonconcepten** / Almere: city of innovative housing concepts - Loes Ypma, Wethouder Almere / Alderwoman Almere
14	**Alleen wonen is het nieuwe gewoon** / Living alone is the new normal Jacqueline Tellinga, planoloog / urban planner

De ideeënprijsvraag / Ideas competition
- 36 De opgave / The assignment
- 40 245 inzendingen / 245 projects
- 50 De jury / The jury
- 58 The Incredible Shrinking Man – Arne Hendriks, jurylid / jury member BouwEXPO

Aan de slag / Down to work
- 64 Vooraf / In advance
- 66 Koop, erfpacht of huur van de grond / Buy, lease or rent the plot
- 70 Kabels & leidingen / Cables, pipes, wires
- 74 Kavelpaspoort, bestemmingsplan / Plot passport, land use plan
- 82 Bouwbesluit / Buildings Decree
- 90 Adres / Address
- 91 Binnen een week stond er een minidorp / A mini-village appeared within a week

De huisjes / The houses
- 102 De winnaars / The winners
- 104 Slim Fit – Ana Rocha
- 118 Tiny-A – DaF-architecten
- 136 WikiHouse – Woningbouwatelier
- 138 Tiny Revolver House – studio RTM
- 148 KODA – Kodasema
- 164 Tiny TIM – FARO architecten, Hans Peter Föllmi
- 178 Tiny Towers – House of Architects
- 190 Wikkelhouse – Oep Schilling, Rick Buchter
- 208 Dometastic – Mustafa Anbar
- 218 Een heel leven onder dak – Marcel Hoekstra, Marjon Meurs
- 222 Royaal wonen in 't klein – NEZZT
- 234 HomeBoxen – Han Slawik
- 248 Snuk – Leo Harders, Aldo Trim
- 262 Een woonlaboratorium in vol bedrijf / A housing laboratory in full swing – Ton Idsinga, architectuurcriticus / architecture critic

Bewoners / Residents
- 270 Woonpionier / Housing pioneer
- 276 Tiny Tower / Tiny Tower
- 282 Slimme indeling / Smart layout
- 288 Conny's huisje / Conny's house
- 296 Leven als Pluk / Living like Pluck – Aaf Brandt Corstius, columnist / columnist

306 **Redenen voor klein wonen** / Reasons for small homes

ALMERE: STAD VAN INNOVATIEVE WOONCONCEPTEN

ALMERE: CITY OF INNOVATIVE HOUSING CONCEPTS

Loes Ypma
Wethouder Wonen / Zorg en Floriade
Alderwoman for Housing, Care and Floriade

Almere is de stad van het woningbouwexperiment. Onze geschiedenis kent succesvolle bouwexpo's, zoals De Fantasie, De Realiteit, twee BouwRai's en Gewild Wonen. Hierin hebben we steeds ruimte geboden aan vernieuwende woonmilieus, wooncconcepten en bouwmethodes. Passend in deze traditie hebben we onze pioniersrol opgepakt en geëxperimenteerd met compacte, efficiënte woningen voor kleine huishoudens in de BouwEXPO Tiny Housing. De belangstelling was vanaf dag één overweldigend. Het begon met maar liefst 245 inzendingen voor de prijsvraag 'Bevrijd wonen. Jouw Tiny House in Almere!'. Het resultaat is een BouwEXPO met innovatieve kleine wooncconcepten, die in relatief hoge dichtheid zijn gebouwd. Vrijstaand, sommige geschakeld of

Almere is the city for experimental housing construction. Our city has been home to a host of successful building exhibitions, model districts and trade fairs to showcase the latest trends and developments in housing design and construction. We have always provided space for innovative living environments, housing concepts and construction methods. In line with this tradition, we have resumed our pioneering role and are experimenting with compact and efficient houses for small households in the BouwEXPO Tiny Housing. Interest was tremendous right from day one. It started with no fewer than 245 entries to the competition 'Liberated Living: Your Tiny House in Almere!' The result is a showcase of innovative concepts of small homes, built in a relatively high density. Freestanding or linked horizontally or vertically, and all with residential building permits. The issuing of permits demonstrates that the Dutch Buildings Decree is not an obstacle when it comes to the construction of tiny houses. In recent years, potential residents,

gestapeld en allemaal vergund. Met dit laatste hebben we aangetoond dat het Bouwbesluit niet in de weg staat als het aankomt op de bouw van kleine woningen. Woningzoekenden, media en andere gemeenten wisten ons de afgelopen jaren veelvuldig te vinden. De BouwEXPO fungeerde als inspiratiebron en aanjager. Inmiddels krijgt de bouw van kleine woningen ook elders in Nederland navolging. Verschillende gemeenten starten pilots, zoals Den Bosch en Haarlem. In Almere werken we aan een nieuw experiment voor kleinere, betaalbare woningen gebaseerd op het WikiHouse-concept, waarvan een prototype op een overgebleven kavel van het BouwEXPO-terrein is gebouwd.

Mede dankzij de resultaten van de BouwEXPO zijn we in Almere ook anders over onze woningvoorraad gaan denken. We blijven dé bouwstad van Nederland, zo staat het ook in ons coalitieakkoord. Maar we realiseren ons dat er meer diversiteit in het aanbod nodig is. Want ondanks het feit dat ruim een derde van de huishoudens in Almere alleenwonend is, bestaat de stad voornamelijk uit grondgebonden eengezinswoningen. Het is dan ook een breed gedragen politieke wens om kleine woningen toe te voegen aan de Almeerse woningvoorraad. Kleine woningen bieden een volwaardige en permanente woonvorm. Ze zijn niet alleen geschikt voor uitbreiding, maar lenen zich ook uitstekend om binnen de bestaande stad toe te passen. Het is een woonconcept dat past bij demografische veranderingen als vergrijzing en gezinsverdunning. Klein wonen is een middel om de groeiende groep kleine huishoudens passende en betaalbare woonruimte te bieden en doorstroming op de woningmarkt te bevorderen. Om deze reden krijgt klein wonen een plek in de nieuwe Almeerse Woonvisie, waarin we richting geven aan de bouwopgave waar we de komende jaren voor staan.

media organizations and other municipalities have come here in great numbers to see what's happening. The BouwEXPO acted as a source of inspiration and catalyst. Now the construction of small homes is being emulated elsewhere in the Netherlands. Various municipalities, Den Bosch and Haarlem among them, have launched pilot projects. In Almere we are working on a new concept for smaller, affordable houses based on the WikiHouse concept, one prototype of which has been built on a leftover plot on the exhibition site.

Thanks in part to the results of the building exhibition, we have started to think differently about our housing stock in Almere. As stated in our coalition agreement, we remain the country's leading city of construction. However, we acknowledge the need for greater diversity in housing stock. For despite the fact that more than a third of Almere households are singles, the city consists for the most part of ground-access family homes. It is therefore a widely supported political wish to add small homes to Almere's housing stock. Small homes are a complete and permanent form of housing. They can be built in expansion areas and as infill developments in the existing city. It is a housing concept that reflects demographic changes such as the ageing population and reduction in family size. Small homes is a way of providing the growing numbers of small households with suitable and affordable homes and stimulating movement within the housing market. That's why small homes are now included in 'Almere Housing Vision', our new policy document that sets out our development objectives for the coming years.

'Kleiner wonen moet gewoon worden.'

'Smaller housing should become normal.'

Marco de Kat, Leefbaar Almere
Leefbaar Almere

Het is raadslid Marco de Kat die tiny houses op de agenda van het gemeentebestuur zet. Op 7 januari 2016 geeft de gemeenteraad groen licht voor het uitschrijven van de ideeënprijsvraag.

Councillor Marco de Kat is the person who put tiny houses on the city council agenda. On 7 January 2016 the council gave the go-ahead for the competition.

ALLEEN WONEN IS HET NIEUWE GEWOON

LIVING ALONE IS THE NEW NORMAL

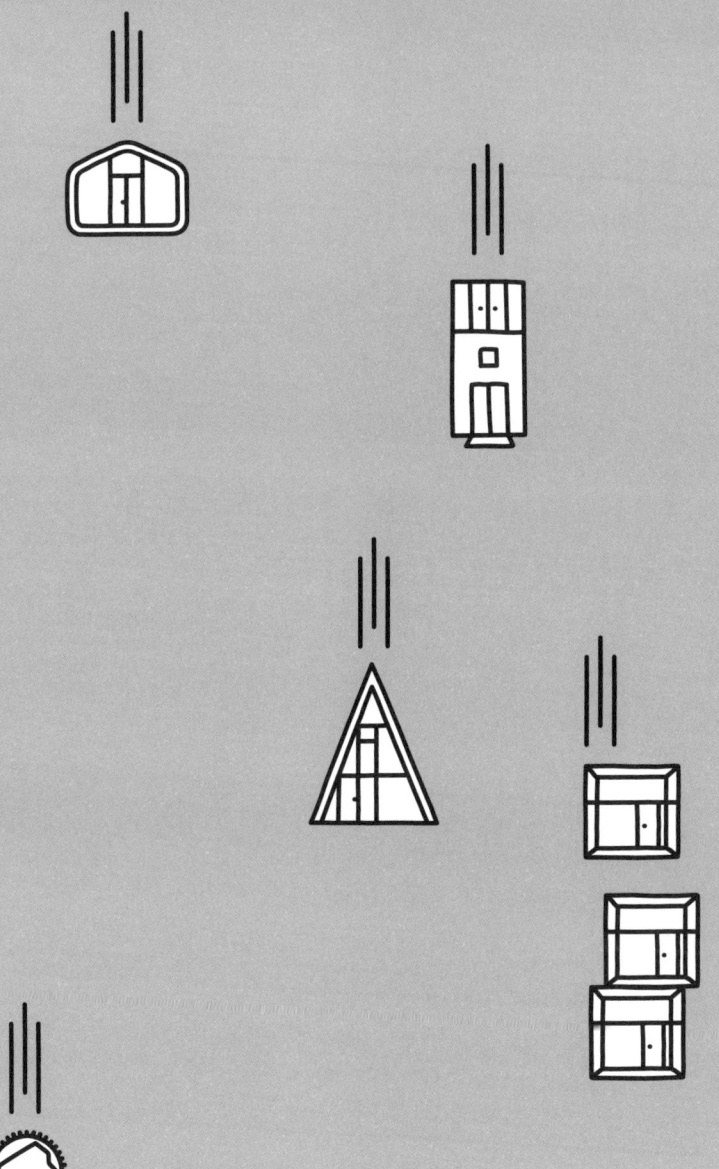

1950

MINDER DAN 10% VAN DE MENSEN WOONT ALLEEN.

Less than 10% of people live alone.

In 1950 wonen gemiddeld 3,93 mensen in één huis. Bouwen, bouwen, bouwen is het motto. Vooral eengezinswoningen.

In 1950, each house holds an average of 3.93 people. The motto is build, build, build. Mostly single family homes.

Alleen wonen is het nieuwe gewoon / Living alone is the new normal

Bouwen, bouwen, bouwen.

Build, build, build.

10 miljoen mensen

2,5 miljoen huishoudens

10 million people
2.5 million households

2019

RUIM EEN DERDE VAN DE MENSEN WOONT ALLEEN.

More than a third of people live alone.

Nederland telt 7,9 miljoen huishoudens. Drie miljoen huishoudens is alleenwonend. Het gemiddeld aantal mensen in één huis is 2,15.

The Netherlands has 7.9 million households.
Three million households live alone.
The average number of people in one house is 2.15.

Alleen wonen is het nieuwe gewoon / Living alone is the new normal

De woningvoorraad bestaat vooral uit eengezinswoningen.

The housing stock comprises mostly single-family homes.

17,3 miljoen mensen

7,9 miljoen huishoudens

17.3 million people
7.9 million households

2050

BIJNA DE HELFT VAN DE MENSEN IS ALLEENWONEND.

Nearly half of people live alone.

Volgens het CBS zijn er ruim een half miljoen alleenwonenden bijgekomen. Zowel ouderen als jongeren.

According to Statistics Netherlands there is a further half million single-person households. Both seniors and young people.

Alleen wonen is het nieuwe gewoon / Living alone is the new normal

Wat gaan we bouwen?

What will we build?

18,5 miljoen mensen

8,7 miljoen huishoudens

18.5 million people
8.7 million households

Start bouw, voorjaar 2017
Start of construction, spring 2017

Alleen wonen is het nieuwe gewoon / Living alone is the new normal

UITVINDERS & DOORZETTERS

INVENTORS & GO-GETTERS

Nog steeds wordt bij nieuwbouw vaak gekozen voor gezinswoningen en appartementen, terwijl al ruim een derde van de huishoudens in Nederland alleen woont. In 2016 schreef de gemeente Almere een ideeënprijsvraag uit om je eigen tiny house te ontwikkelen.

New development often still consists of family houses and apartments, despite the fact that more than a third of households in the Netherlands are made up of singles. In 2016, the municipality of Almere organized an ideas competition to design your own tiny house.

Jacqueline Tellinga
planoloog BouwEXPO Tiny Housing
urban planner BouwEXPO Tiny Housing

De 245 inzendingen van de ideeënprijsvraag geven samen een uniek inzicht in de kleine woonwens. Voor het bouwterrein van 1.400 m² in het Homeruskwartier selecteerde de vakjury de beste ideeën. Huisjes die je kunt schakelen en stapelen, of vrijstaand

All 245 entries to the ideas competition offer a unique insight into living requirements when it comes to tiny housing. A professional jury selected the best ideas for the 1,400 m² building site in the Homerus district. They included freestanding houses as well as houses connected horizontally or vertically. Anybody who wanted to see their idea built had to pay for the land and the construction. No subsidies were involved.
Three years after the competition, the BouwEXPO has developed into a tiny

In 2016 nam het Almeerse college van burgemeester en wethouders het initiatief voor de BouwEXPO Tiny Housing.

In 2016 the Almere city council initiated the BouwEXPO Tiny Housing.

kunt bouwen. Wie zijn idee wilde verwezenlijken moest zelf de grond en de bouw van het huisje betalen. Er is niet gesubsidieerd. Drie jaar na de prijsvraag heeft de BouwEXPO zich ontwikkeld tot een klein-wonenwijkje dat zowel voorziet in motieven van urgentie en betaalbaarheid als in een levenswijze van de *tiny house movement* – een levensstijl die niet langer wordt gekenmerkt door verplichtingen maar door vrijheid. De plek biedt een palet aan vernieuwende woonconcepten. Met huisjes die in één dag kunnen worden gerealiseerd, of juist op de 'klassieke' manier worden gebouwd. Een levend laboratorium.

Geborgenheid

Vanuit de gedachte dat kleinschaligheid en diversiteit een gevoel van geborgenheid kunnen geven is er in de BouwEXPO gezocht hoe dit ook in wonen is te realiseren. Juist nu we permanent in contact staan met de hele wereld is een vorm van geborgenheid gewenst. Het is aan de inspanningen van de winnaars, opdrachtgevers en bewoners te danken dat er een sfeervol en intiem woonbuurtje is ontstaan.

'Het buurtje geeft een verrassend gevoel van vrijheid en knusheid. Ook ben je je door het kleine huisje meer bewust van de weersomstandigheden en heb je makkelijk

housing neighbourhood that facilitates the tiny house movement lifestyle – one no longer characterized by obligations but by freedom – and responds to motives such as urgency and affordability. The site presents an array of innovative housing concepts, including houses that can be built in a day, and others built in a more 'traditional' manner. A living laboratory.

Safe and secure

The idea that a small scale and diversity can engender a sense of safety and shelter prompted the BouwEXPO to explore ways of achieving these qualities. They are all the more important now that we are constantly connected to the whole world. It is thanks to the efforts of the winners, clients and residents that an atmospheric and intimate neighbourhood has been created.

'The community has a surprising feeling of freedom and cosiness. Moreover, a tiny house heightens your awareness of the weather conditions and makes it easier to be in touch with your neighbours. A good antidote to indifference,' according to Hennie Tibben, a resident right from day one. The tiny village is home to singles, two-person households, weekend families and expats. It also gives a high degree of freedom to people who choose to live together, yet separately.

contact met je buren. Een goed medicijn tegen onverschilligheid', aldus Hennie Tibben, bewoonster van het eerste uur. Het dorpje herbergt alleenwonenden, tweepersoonshuishoudens, (weekend)gezinnen en expats. Het biedt een grote mate van vrijheid voor mensen die ervoor kiezen om bij elkaar en toch afzonderlijk te wonen.

Dat er klein wordt gewoond, is verre van nieuw. Nieuw is dat het gebeurt in een hoge dichtheid in een nieuwbouwwijk. Een terrein van 'slechts' 1.400 m² biedt plek aan zestien huisjes gebouwd door twaalf winnaars. Historische buurten waar kleine huizen naast grote staan vinden we prettig. Wat let ons om dit ook te laten gebeuren in nieuwe buurten? Het is namelijk geen wettelijke plicht dat in nieuwe wijken alles in het gelid staat. Conny Brak, een van de prijsvraagdeelnemers die haar huisje iets verderop in de wijk bouwde, laat zien hoe gewoon het kan zijn om klein te wonen tussen eengezinshuizen.

Vele redenen om klein te wonen

De BouwEXPO is niet het resultaat van een vriendengroep die samen wilde ontwikkelen. De bewoners hebben, los van elkaar, zelf de beslissing genomen om in te tekenen op een winnend plan en 'tiny' te gaan wonen. De winnaars hoefden er niet per se zelf te gaan wonen. De helft van de winnaars heeft eerst een koper gezocht en is daarna gaan ontwikkelen. De andere helft betaalde de ontwikkeling van hun tiny house uit eigen middelen en heeft daarna een koper gevonden. Dit heeft tot een verrassend gevarieerde groep bewoners geleid.

Sommige bewoners, met name de *millennials*, konden daardoor toetreden tot de koopwoningmarkt. Voor enkelen – die de benodigde financiering niet volledig rond kregen – bood de mogelijkheid van erfpacht uitkomst. Weer anderen kozen bewust voor

Small homes are in themselves nothing new. What is new is that they are grouped in a high density in a new-build neighbourhood. A site of 'just' 1,400 m² offers space for sixteen houses built by twelve winners. Historical neighbourhoods where small and big houses stand side by side appeal to us. So what prevents us from doing the same in new neighbourhoods? After all, there is no legal obligation to make everything identical in new neighbourhoods. Conny Brak, one of the competition participants who built her house a little further away in the area, shows just how normal it can be to live in a tiny house inserted among family houses.

Many reasons for small homes

The BouwEXPO is not the product of a group of friends who wanted to develop their own sites. The residents decided individually, independently of one another, to sign up and move into a 'tiny' house. The winning designers did not necessarily have to live in their own design. Half of them first looked for a buyer before developing the project. The other half developed their tiny house themselves before finding a buyer. This resulted in a surprisingly varied group of residents.

Some residents, especially the millennials, were thus able to climb on the housing ladder for the first time. For those who couldn't secure the necessary funding, the option of leasing land offered a solution. Others made a conscious choice for an elegant and comfortable house containing fewer things. A number of houses were bought by parents for their children. One house is used as short stay accommodation. Two houses were bought by an internationally operating company based in Almere to ensure expat employees enjoy a pleasant start in a fine neighbourhood. Finally, an enterprising neighbour bought a house to rent to

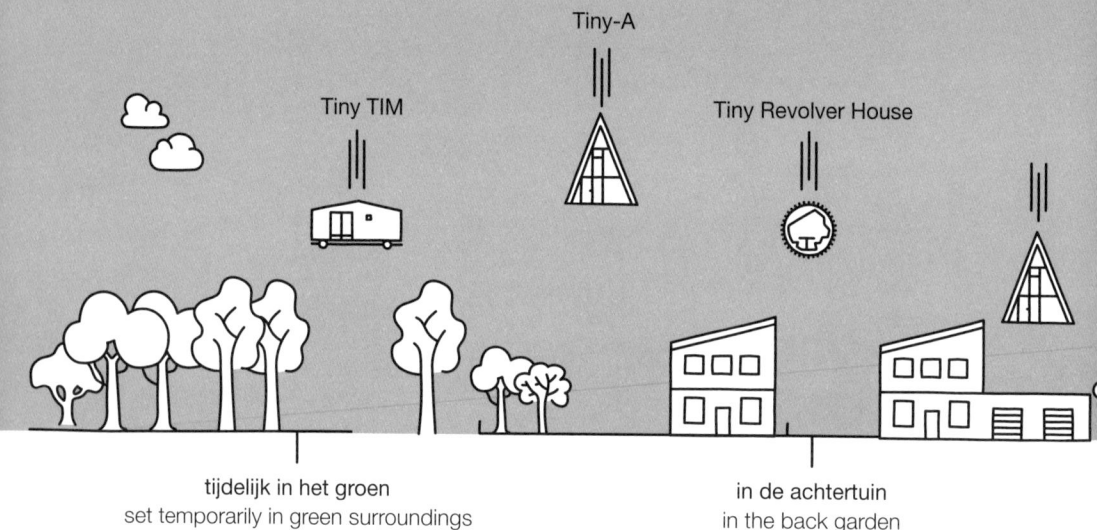

tijdelijk in het groen
set temporarily in green surroundings

in de achtertuin
in the back garden

een mooi comfortabel huisje met minder spullen. Enkele huisjes zijn door ouders gekocht voor hun kinderen. Een van de huisjes wordt als *short stay* gebruikt. Twee huisjes zijn gekocht door een internationaal opererend Almeers bedrijf om zijn expats een aangename start in een fijne buurt te bieden. Tot slot heeft een ondernemende buurtbewoner een huisje gekocht om te kunnen verhuren aan mensen die een tijdelijk onderkomen zoeken: bijvoorbeeld voor mensen die in echtscheiding liggen. In een notendop zijn hiermee vrijwel alle actuele vraagstukken in de Nederlandse woningmarkt de revue gepasseerd.

anybody in need of temporary accommodation, such as people going through a divorce. And thus, almost the whole gamut of issues facing the Dutch housing market are represented here.

Affordable?

Is tiny housing cheaper by definition? The article 'A housing laboratory in full swing' by Ton Idsinga examines this question. According to Idsinga, the winners fought to keep the houses at an affordable level at a time when the economy was picking up. Moreover, you can hardly expect competitive construction costs in experimental projects.

Alleen wonen is het nieuwe gewoon / Living alone is the new normal

Kleine huisjes passen overal.

Tiny houses fit everywhere.

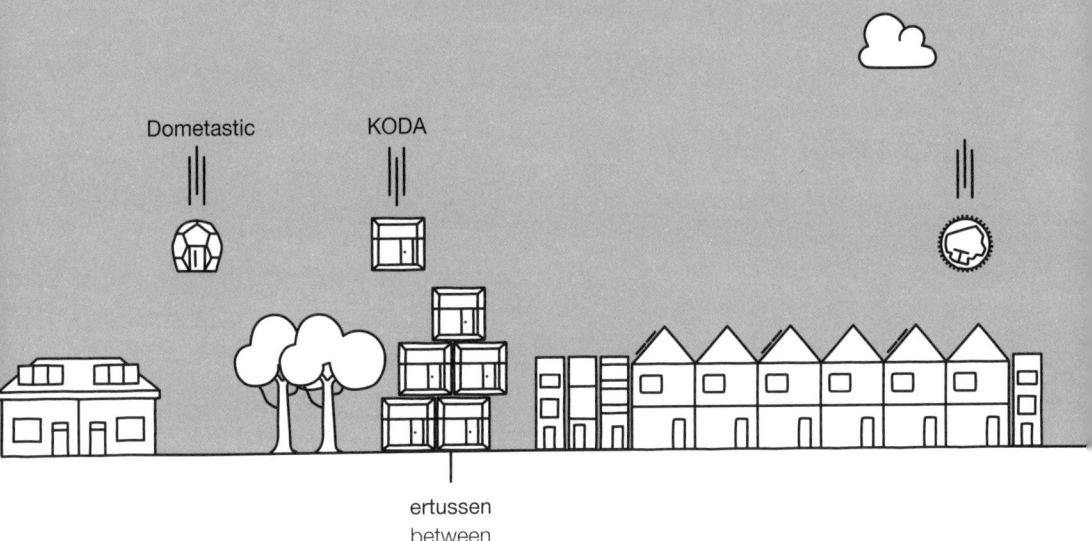

ertussen
between

Betaalbaar?

Is klein wonen per definitie goedkoper? Het artikel 'Een woonlaboratorium in vol bedrijf' van Ton Idsinga gaat in op deze vraag. Er is volgens Idsinga door de winnaars veel geworsteld om de huisjes in een tijd van een aantrekkende economie toch betaalbaar te houden.

In een experimenteertuin kun je ook bijna geen competitieve bouwkosten verwachten. Maar het roept wel de vraag op: kan het goedkoper? In dit verband moeten we verwijzen naar het kostenvoordeel bij seriematig ontwikkelen. Een interessante besparing is bijvoorbeeld, voor wie dat

But costs do prompt the question: is cheaper possible? In this respect, we must note the cost advantage of serial development. An interesting saving, at least for those willing, would be sharing amenities such as shower/toilet, kitchen, facades and connections. Or rolling up your sleeves and doing some of the construction work yourself. But construction costs are not everything, monthly expenses for energy are also a factor. One of the winning houses exists completely off the grid. It generates its own energy, purifies its own potable water and doesn't need any connections to the sewer system or utilities. That makes it an interesting case study.

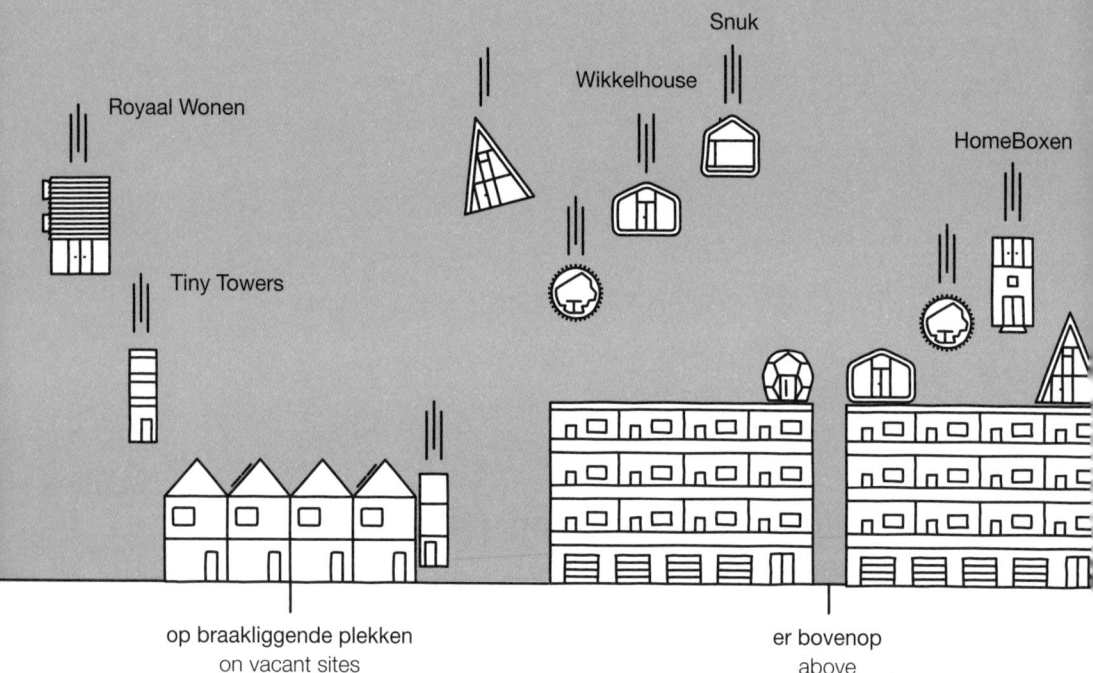

op braakliggende plekken
on vacant sites

er bovenop
above

wil, het delen van voorzieningen, zoals de douche/toilet, keuken, de buitengevels en aansluitingen. Of door de handen uit de mouwen te steken en echt zelf te gaan bouwen. Het gaat niet alleen om de bouwkosten, maar steeds vaker ook om de maandelijkse kosten voor energie. Een van de winnende huisjes staat geheel 'off-the-grid', dat wil zeggen dat het voorziet in zijn eigen energie en waterzuivering en niet hoeft te worden aangesloten op het riool en de nutsvoorzieningen. Het is daarmee een interessante casus.

The question whether savings can be made in terms of land costs is for the municipality to answer. Leasing land to some residents allowed them to take part in the experiment.
Congratulations to the winners who have taken the first step! They have shown what is possible. The yield from the BouwEXPO is sixteen houses and a wealth of knowledge and insight concerning the development of small homes. This book documents the results. Space is needed for a 'tiny' start somewhere.

Alleen wonen is het nieuwe gewoon / Living alone is the new normal

De vraag of er op de grondkosten kan worden bespaard, is aan gemeenten om te beantwoorden. Het verlenen van erfpacht door de gemeente aan sommige bewoners heeft ertoe bijgedragen dat zij mee konden doen met het experiment.
Hulde aan de winnaars en de bewoners die de eerste stap hebben gezet! Zij hebben laten zien dat het kan. De opbrengst van de Bouw-EXPO zijn de zestien huisjes én de bijzondere kennis en inzichten over kleiner wonen die zijn opgedaan. Dit boek legt dit resultaat vast. Ergens is ruimte nodig voor een 'tiny' start.

'De opbrengst bestaat uit kennis en inzichten over tiny housing, dat doorgaans te gemakkelijk wordt geassocieerd met hippe, goedkope huisjes op wielen.'

'The yield consists of knowledge and insights into tiny housing, all too easily associated with hip and affordable homes on wheels.'

Floris Alkemade, Rijksbouwmeester en bijzonder adviseur van het Woningbouwatelier
Chief government architect and special advisor to the Housing Atelier

'Tiny housing voorziet in een maatschappelijke vraag: vernieuwend en duurzaam bouwen naar behoefte van de gebruiker.'

'Tiny housing meets a public demand: innovation and sustainable development that responds to user needs.'

Anneloes van Boxtel, Projectdirecteur Rijksvastgoedbedrijf en lid begeleidingscommissie van het Woningbouwatelier
Project director of Central Government Real Estate Agency and member of the Housing Atelier advisory committee

DE IDEEËN-PRIJSVRAAG

IDEAS COMPETITION

De ideeënprijsvraag / Ideas competition

DE OPGAVE
THE ASSIGNMENT

De gemeente Almere en het Woningbouwatelier vragen om een eigen visie te presenteren op het ideale tiny house. Iedereen mag meedoen: jong, oud, professionals, niet-professionals.

The Municipality of Almere and the Housing Atelier called for proposals for the ideal tiny house. Everybody could take part: young, old, professional, non-professional.

Er was volop ruimte voor fantasievolle oplossingen. De deelnemers hoefden zich nog niet geremd te voelen door praktische belemmeringen. Er gold één belangrijke voorwaarde: het huisje mocht niet groter zijn dan 50 m² bruto vloeroppervlakte (bvo). De deelnemers mochten kiezen uit drie categorieën die verbonden waren aan locaties. Op de locatie 'permanent' konden de winnaars grond kopen of in erfpacht afnemen. Op de locatie 'tijdelijk' konden de winnaars een stuk grond voor twee jaar huren. Voor de locatie 'pioniers' was dat zelfs nog korter en zou het huisje helemaal zelfvoorzienend moeten zijn omdat er geen mogelijkheid was om het aan te sluiten op de nutsvoorzieningen en het riool.
De locaties bevonden zich in het hart van het Homeruskwartier in Almere Poort. De winnaars kregen een optie op de grond en de mogelijkheid hun Tiny House in een 'laboratoriumachtige' sfeer te realiseren.

There was plenty of scope for imaginative solutions. Participants did not have to feel inhibited by practical obstacles. There was one important stipulation: the house could not exceed 50 m² in gross floor area. Participants could choose from three categories linked to locations. On the 'permanent' site, winners could buy or lease a plot of land. On the 'temporary' site, winners could rent a plot for two years. On the 'pioneers' site the period was even shorter, and the house had to be entirely self-sufficient because there was no possibility of connecting to utilities or the sewer system.
The sites are located in the heart of the Homeruskwartier district in Almere Poort. The winners received an option on the land and an opportunity to construct their 'tiny house' in a 'laboratory-like' setting.

Op zaterdag 23 april 2016 werden 245 maquettes ontvangen.

245 models were received on Saturday 23 April 2016.

245 INZENDINGEN

245 PROJECTS

De ideeënprijsvraag / Ideas competition

De ideeënprijsvraag / Ideas competition

De ideeënprijsvraag / Ideas competition

PERMANENT / PERMANENT

Tiny House
Peter Hermans

warm en aanpasbaar
Guy Dollez (Architect
Guy Dollez), Ray Verheyden
(E+ Bouwen)
& Frank van Oosten

GreenHabitat
Ronald Bronwasser

T HOUSE
Don Hoppenbrouwer

WOODPACKER
Ary Kroesbergen & Wilfried van
Dokkumburg (architektenburo
ary kroesbergen bna)

Emerald
Peter Blok (Peter Blok
Architecture)

SMÛK
Kees Douma
RUNNER UP 2

ULTRA-LIGHT
Paul Bokstijn (Bokstijn
Architecten), Tesla, Nathan
& Wobouw

ConTour container housing
S.B.A. Slaghekke

BAU-huisje
Johanna Bokstijn-Pieters
(Bokstijn Architecten), Nathan
& Tesla

BOTTOM-UP
Martin Kuitert (STUDIO SEVEN
ARCHITEKTEN AMSTERDAM)

PICO BELLO
Jan Borkent

RoyaalWonenMetWinterTuin
Nahied Koolen-Tafahomi
(arch-architecten)

MA.son.04
Eric de Leeuw &
Ingrid van Zanten (dlvz)

de Glashouder
Angelique Otten

Het Klaver-Hofje
Maartje Muskens

deelname Tinyhousing ontwerp
Hans Berkhout (artune)

L.B.H. 6.3
Leo Nederhof Architect AVB.

Wonen voor Weinig
J.S. Muijsson

MEI
Michiel Koolen

A ROOM WITH A VIEW
ir. H. Meulenbelt
(MEULENBELTcad+)

TinyVilla
Willem Dijkstra

Wonen onder groen
Tim Veldhuis & Aloys
Meulenbroek (Stevelink dak)

Houses of Hope
Rutger Bos (Schoots Architecten)

ALL ROUND
T. Gerretsen

TinyPlot
J.F. de Hartog

slim fit
Ana Rocha
(ANAROCHA architecture)
WINNAAR / WINNER

fits2you
Louis Banning (inTex Architecten
bv), Robert van der Doelen (Barli)
& Hans Stofberg (Hans Stofberg
Integralist)

7²
Rik Egberts (Architect BNA)

MHMC
Albert Bos (123dii
interieurarchitecten)

Klimhuis: een Topleven
Wilma Hiemstra
WINNAAR / WINNER

U-home_an urban sanctuary
ir. Nikolaos Margaritis en
ir. Natalia Mylonaki (TOSO
Architects)

Wonen in Stro, Leem en Groen
F.M. van Drielen (DxD b.v.)
& Wilma
WINNAAR / WINNER

Tiny House in de Lift
Anton Zoetmulder (Atelier Anton)

Niveau Riche
Casper Vos (Jeanne Dekkers
Architectuur)

OUT OF THE BOX
Geert van Hoof & Joep Looman
(Sineth)

Capitalize Capitalism
Elise Zoetmulder (Studio
Zoetmulder)

HomeBoxx
prof. Han Slawik
architect (architech)
RUNNER UP 3

DOMETASTIC50
M. Anbar (student msc
TU/e) & G. Leffering (Young
professional bij Beetsterzwaag)
WINNAAR / WINNER

Silverhof Bungalows
Arcada Properties CV

H5O
Mark Benerink, Charan
Rozendaal & Mitchel van
Ostayen (Team Spicy)

Huup
Marije Weijers (Blik architectuur l
interieur)

DIMENSION_A
Martin van der Linden
(van der Architects)

Triplet
Ninke Happel, Floris
Cornelisse, Paul Verhoeven
& Benjamin Jansen (Happel
Cornelisse Verhoeven
Architecten)
WINNAAR / WINNER

Homemade
C. Plomp (Plan'16 architecture
by co-creation)

MUS
Paul Dinant
(Architectenbureau Dinant)

Smart Livings
GetReal Enterprises B.V.

TinyCastles
Henk van der Zijde

HOSTEL TINY
Sander Bokkinga
(SanderBokkinga bok.)

Klein, fijn en anders!
Dennis van Thiel

7X7
Martijn Giebels

Flexible is More
Janet Al Saifi & Olof
Schonewille (Architecture Art)

Blackbox
Daan de Gunst

FOAM HOUSE
Dick de Gunst

de unit
ir. Arthur Cuber

Mediterraans Tiny House
Cathrijn Vaes

CUBE 5X5X5
D.K. (Diederik) van den Berg
(Studio-D architecten)

Mijn eigen 1persoonsvilla
Anneke Timmermans (Heijmans
Vastgoed)

LifeSize
Stephanie Akkaoui Hughes
(AKKA Architects)

Planting a House
Juanita Kiburg

Rise UP
Arthur Nuss
(Global architects) &
MijnwooniD
RUNNER UP 4

SoloSolarhuis 2.16
W.G.M. van Rooij (WVR ontwerp)

Geen concessies op gemak
Ivo Grasman (Tekenbureau
Grasman & Van Iersel)

TinyRich House
Marco van der Wel (ECO
architecten), Huis van
Hollandsche bodem & Energie
van Hollandsche bodem

The House Orbiting The Sun
Jan Boertien

KØNTAINER
Arjan Duin (Arjan Duin Architect)

kleineëengezinshuis
Martijn Bak
& Wouter Bak (Bak Architectuur)
WINNAAR / WINNER

House2Start
C. Kats (DCK Vastgoed
Ontwikkeling BV),
De Mors BV, Ten Hag Groep
& Raaklein Architekten

De ideeënprijsvraag / Ideas competition

Wij vinden dat iedereen het recht heeft om een gezond en comfortabel huis te hebben
Patrick Schreven (ORGA bouw)

The Great Tiny House
Paul Wursten (Redwood)

Swype-it wonen
Robin Beusink (StudioIDurf!)
& Michiel van der Veen

Volg de zon
Rachel Santegoets &
Rinse Tjeerdsma

licht en compact
Robbie Neijzen (Robbie Neijzen Architectuur)

Make a U-TURN
Jeanneke Boeijen

Huis&Thuis
D. Mulder (ArtEZ Academie van Bouwkunst)

KATSJA
Joop Kok

Little Futures
N. Slijkerman (Slijkerman)

glitter
Hans Jan Dürr
(Architectenbureau Dürr)

Uniek & Hedendaags
Babak Jabery (Jabery Architectuur)

T-HOUSE
Misak Terzibasiyan &
Emile van Vugt (UArchitects)

Beleving van Almere
Frank te Grotenhuis

The TinyTree
Thomas de Bos, Vincent Louer & Bob Blom

TinyTower
Jurrien van Duijkeren (Common Practice)

WALDEN 2.0
Steven van der Goes (van der goes architecten bna b.v.)

Kwadraat
Fokko van der Veen (Kangaroe bv)

Biobased Tiny House
M.L.S. Kramer (Studio Fabritius)

DUPLEX - MAAIVELD
Arie Gruijters (Arie Gruijters Architect)

Een individuele hut
Robbert Verheij & Jose Verheij
WINNAAR / WINNER

boomhut voor bejaarde
Jurgen van Staaden

(on)zichtbaar
Ashley Hoekerd

Minivilla van sloopafval
Cliff Lesmeister & Dirk Durrer
RUNNER UP 1

Tiny House in TinyForest
Harry van der Velde (ZICHT)

Toscane in the Box
J. van Dalen (Napro bouw & onderhoud)

Denk klein, Droom groot
Simone Rojer

Blokkenhuisje
Bram Janssen (BJ architectuur)

Textile Tiny
M.D. Bredero (Architect Maarten Douwe Bredero) & MODINT, projectgroep 3D constructies in de Bouw

custom housing
Jörn Schiemann (schiemann weyers architects)

HomeY
André Heeringa, Arjan van Asselt (Heijligers), Monique Philippo & Jasper Tuinema (studio Plots)

On My Own
Koos Spindler (SPINDLER design to build) &
Janeska Spoelman (Buro JA Architectenbureau)
RUNNER UP 6

MaXSmalL House, de woning die zich aanpast aan jouw leven
Maarten Nieuwenhuize (M'n Architect), Louis van Galen (11G Architectuur)
& Bob Timmermans (Visualize & Realize)

Matryoushka Greenhouse
Vasili Popov, Lidiya Koloyarskaya & Martin Schepers (Popov Architecten)

Sociaal Duurzaam C3
Peter Broekmans, Marco Baetsen, Iris Jans (C3 Living B.V.), Theo Janssen (Janssen Wuts Architecten B.V.) & Jan Lenders (Lenders constructie B.V.)

18052014
Wouter Hilhorst (Spaca)

MIND YOUR SPACE
Joost van Ettekoven (Van Ettekoven I Ontwerp & Advies), Yael Singer (Heilige Boontjes), Ernest Israels (BoomDelft) en Coen van Ettekoven (Van Ettekoven I Aannemer & interieurbouwer)

The Joy of Compact Living
Ron Brink (Architektengroep Rodervelder)

Growing House
Hanneke Andringa
RUNNER UP 5

H E L F T
J. Overeem
(Overeem Architecten)

F House
Tim Baan (LIJNN bv), Remco van Hensbergen (Project Know-How bv) & Sjaak van Burken (TKCB Bouwkostenadvies bv)

Groots leven kan klein!
Tjeerd Huisman (Tjeerd Huisman) & Niels Kamsma

TinyHousing Permanent
Tom van Wijk

Het zwarte torentje
Anne Dessing
(Studio Anne Dessing)

HET 1,2,3 STAPELHUIS
Arjen Kabboord
(01-10 ARCHITECTEN)

KLEIN WONEN GROOT LEVEN
Wibke Plagmann

wortel 2
F.C. Hofman (arch. buro Hofman)

My Tiny House de KERN
Taco Bijleveld (ArtEZ, hogeschool voor de kunst)

high heels
Ward Bergen
& Daniel Meier (L27)

Pocket House
Robin Kerssens
(Architectenbureau Robin Kerssens), Jeroen Troost (MoreToBuild), Cees van Deelen (Randewijk beter wonen) & Christine Kool

LITTLE HOUSE-GREAT LIFE
Joost Koldeweij (Architectenbureau Koldeweij)
WINNAAR / WINNER

EKO COMFORT-HOUSE
Arnold Weijs MBA

Aliens
René van Zuuk, Alberto Tono, Vlad Zangor & Raluca Constantin (René van Zuuk Architekten bv)

BUITENSTEBINNEN
Jelmer Buurma &
Bas Spaanderman
WINNAAR / WINNER

Huisgenoot
Mohammed Abuzid &
Koen Kaljee

Tijdelijk permanent
Ruud Kooloos

Royaal wonen in 't klein
Robert van den Akker,
Els van Mierop, Bas de Haan, Dennis Bol, Edwin Jacobs, Maarten Bloks, Andrea Maas (De Meeuw Bouwsystemen), Rob Hopstaken
(Architectenbureau Diederendirrix)
WINNAAR / WINNER

Bigfoot
John Rebel

3XS House
Miguel Kerkstra, Helen Zhang & Chris van Heeswijk

B6XL8XH5.7
Laurence Bolhaar (Atelier 22)

eenswaterlandbaken nr 19
C. van Driel (3EL-Company bv)

La Petite Grande
Erik Leusink (HOYT Architecten), iXpando & Woonmodule

De start voor starters
Rob Besemer, Auke de Vor, Ad Janssen, Peter Geurts & Gerard Dijkstra (Mill Home)

cosy commune
Marjan van Herpen
(Ontwerpen van Herpen)

47

Mini Me
Alexander Tepper (Tepper Design Studio)

Room Connection
Daniel Grunberg (DGA&UD) & Bram Bresser (A Brighter Shade of Green)

Ik bouw dus wij bestaan
Bernhard Klok (Studio Turf)
RUNNER UP 7

Het pak is altijd halfvol
Gijs Molenaar (Hedron Ventures)

Think Big on a Tiny House
Riemer Postma (Nieuwe Architecten)

A-house Almere
Daan Bakker (DaF-architecten)
WINNAAR / WINNER

Hoeveel ruimte heb je nodig..
Rene Mensink (Rene Mensink interieurarchitect)

Tinyloves outdoor space
Eric Pluymen

Eén voor allen
Marten Theeuwsen (Studio MRTN) & IMD Raadgevende Ingenieurs

MORE in LESS
Stijn Vossen
RUNNER UP 8

Qabins getaway deluxe
Paulien van Noort & Arno Schuurs (Qoncepts BV)

het eerste biggetje
Tim Piët (Tim Piët Architect)

De Trapezoïden
B. Brown (Architectenbureau)

S H E D
Suzanne Nagtegaal & Coen Rikken (buroBois)

Tiny House, Tinyexpenses
Sjoerd van Soelen (van Soelen bouwkundig ontwerp en advies)

Less is so much more
Rudy Jansen (Refresh Architecture)

Het oog van de camera
Stefan van den Bos

3 X 360 Tiny House
Burton Hamfelt (Burton Hamfelt Urban Architecture)

iXi permanent uit zijn pixel
Arend-Jos Moojman

Een thuis bij jezelf
Elvis Kaltofen & Thom Hamers
WINNAAR / WINNER

De Makerij
Rik Tuithof & Stephan Verkuijlen

ABC voor MOL
Schoonhoven (K&A Atelier)

Dear Len,
Ira Koers (bureau Ira Koers)

Klein maar Fijn
Miralda I. Nelstein

Klein wonen, groot(s) leven
Jasmijn Alkemade & Nick van den Akker
WINNAAR / WINNER

KUBUS ++
Winfried Bercz (Bercz Architectuur & Bouwadvies)

DAS mooi klein
Robert Dassen (DAS. sign)

Leven van de wind
John Paauw (bouwplanadviesbureau Paauw)

'tiny-unit' Almere
Herbert van der Brugghen (architect Herben van der Brugghen BNA)

CC-House (Conny's Corner)
Edwin Vermij (BLACKLINES) & Conny Brak (bewoner)

Villa Volta
Nanne Verbruggen en Ewoud Netten (studio RTM)
WINNAAR / WINNER

TINY TOWERS
Geurt Holdijk (House of Architects) & Guus Peters (architect)
WINNAAR / WINNER

Indoor Outdoor Green Garden
Maartje Holtslag

Compact Compleet
Annique Paalvast (Architique)

Verbreed je horizon
Erik Oosterlaar

inside-outside
Dick Baggerman (db a)

BOXY
Chris van den Berk (Mulders van den Berk Architecten)

TYNEX
Arjan Simons

de Bijenkorf
Koenraad Janssens (architect)

!SAMEN=VRIJ + KLEIN=FIJN!
Dick van de Kaa (ANK + DICK | GAAF GROEN WONEN) & Bjorn Hendriks (Architectuur studio Hendriks)

KASTudieHUIS
Nils Molen, Jack Jahncke & Bert Tjhie (Tekton Architekten)

MINIVILLA
Ron van Bakel (Ron van Bakel architectenbureau)

Tiny Tower met Vertiwalk
Rombout Frieling (ROMBOUT Frieling studio)

Super licht
Hester Poortinga (Poortinga-ZwinkelsArchitecten)

BaseCube
Dik Kerste (Kerste Meijer Architecten BV)

Eén woning met één meubilair
Kin Lam (Insight Architects)

DIOGENES
David Veldhoen

The Sky is the Limit
Pelle Poiesz, Manou Huijbregts, Xander van Dijk, Emilija Juodyte (HP architecten) & Eric van de Heyning (WOODinc Structurez)

klein maar MEER
Klaas Smedema (kslarchitecture) & Extenzo Groningen

TIJDELIJK / TEMPORARY

TELESCOPIC MOBILE HOME
Albert Turk (Noordzee architecten)

Je droomhuis op canvas
Marius Lazauskas & Celina van den Bank (TU Eindhoven)

JAAR SALO
Jan Samsom (Jan Samsom)
RUNNER UP 3

LOVE SHACK
Martijn Wilms
RUNNER UP 4

The Tube Almere
Wouter van Riet Paap (De Ontwerpdivisie)

Comfortabel klein
Ruud van der Koelen (Van der Jeugd Architecten)

Domino
Joost Heuvelink (Quara BV)

Het Maximobiel
Yuri Werner (Yuri Werner architectenbureau)

LUCHTSPIEGELING
Ad van Eijck (dIvE architecten)

TinyBox Villa
Egbert Boertien (Archidix Bouwkunde & Architectuur)

De kunst van het sturen
Jojanneke Tap
RUNNER UP 6

Moleculair Bouwen
Geraldine Dijk & Oscar van Strijp (Architect2GO)

Een heel leven onder dak
Marcel Hoekstra & Marjon Meurs
RUNNER UP 2

1-PITTER
Fred Kapelle (fka-architecten)

RIJTJE!
Joris van Loenhout (Inbo Amsterdam)

Bison
Erik Geerts (Artez / Master Architectuur)

Make your own... Pixl!
Kasper Brinkman

UITSCHUIFHUIS
Eerde van Leeuwen (Bouwkundig Ontwerpbureau Almere)

De Barak
Niels van der Wegen (Wauw beeldwerk) & Tim van der Wegen (Tim van der Wegen Architectuur)

De ideeënprijsvraag / Ideas competition

Het hoge huisje
Emma van Helden
WINNAAR / WINNER

Freedom(e)
Niek Heideman
(samen architectuur maken)

Hacked
Jingyi Dai

Bijenkorf meer met minder
Mohammed Reza Alkaabi & Murteda Alkaabi (TO CREATE)

From home to pocket park
Guus Blom
RUNNER UP 1

WORK/NEST
Naomi Neijssen &
George Justus (Just Neys,
onderdeel van Mrs Fineart)
WINNAAR / WINNER

L.A.S.T. - house
Dennis Moet (GIDZ),
Haiko Meijer (ONIX NL),
Peter de Kan (Peter de Kan)
& Robert Kuiper (Rizoem)
RUNNER UP 5

Tiny-Kwadrant-Two (TKT)
Tinyin Living, BIG in Mood
Maarten Smidt (Interfacet
bouwontwikkeling), Arjan Peek
(Holland Groep), Joost Nijhuis
(Noveflex), Nick van der Heyden
(ECB Systems), Matthijs Smidt
(TikkieAnders) & Jelle Smidt
(Student Design Academy
Eindhoven).
Leveranciers: Jibe Lightning,
Betabatteries & Hamwel
E-shower of Upfall shower
RUNNER UP 7

EASY
H. Bakker

De WigWoning
Joost Hillen (Obliq Architectuur)

Space Cube
Mart de Jong (Stichting Shelter4all) & Pauline van den Broeke
(Can You Imagine)

wikkelen voor de toekomst
Oep Schilling & Rick Buchter
(Fiction Factory)
WINNAAR / WINNER

SNUK
Leo Harders (Leo Harders
Architect) & Aldo Trim
(Plane Sight Architecture)
WINNAAR / WINNER

TinyLoft
studio Nuy van Noort i.s.m. buro
Daniël Vlasveld

Voor Dag en Dauw
Hans Oudendorp (Architectbna.nl
Hans Oudendorp)

LEEFHEMEL
Christopher Pekel
WINNAAR / WINNER

Our House
Robbert van der Lee
(vdLee architect)
WINNAAR / WINNER

Hofjeswoningen anno 2020
Thomas van 't Wout (Thomas van
't Wout Vastgoedbehoud)

TinyFloating Housing
Siemen Meijer (Heeren 3 Architecten), Spruyt Waterwoningen &
Inno-bouw

Blauwe Olifant
Reinoud Boland, Peer van Ling
& Teun de Bok
(Waterland-huisje)

BADEEND
Bart Jan van den Brink. Seno
Ledina (NHL Hogeschool
Leeuwarden)

Think Small
Mark Spee (Think Wonen)

Walking concrete
Taavi Jakobson (Kodasema
OÜ) & MSC Peter Kemna
WINNAAR / WINNER

Tiny House
Jan Kaan (Procyon Nederland bv
hodn Ecoreadyhouse)

PIONIERS / PIONEERS

I'll follow the sun
Pieter ter Veen

Earth Wind Fire + Rain
Michel van Gageldonk
RUNNER UP 3

*DECOMPOSABLE TINY
TEMPLE*
Julius Taminiau (Julius Taminiau
Architects)

Tiny-housing-pionier
Melle Hammer

de kleine vlegel
StroApp: Henk ten Kate (Henk
ten Kate Architecten) & Aadam

*NOWA Bouwen
met en in de natuur!*
H. Bloem (impresss3d.)

Carpe Diem!
Bart van Ooijen (ArtEZ Academie
van Bouwkunst Arnhem)

Jeu de Boules
Bas Muilwijk (Bas Muilwijk
Architectuur)

ECO bubble
Wilbert Veltman, Martin Blaas &
Janick van der Meiden

BUBBLICIOUS
Bert Kramer (Bert Kramer)
RUNNER UP 1

Hexa & Gonos
K Iamaludin

modern nomads
Paul Voorbergen (studio Frame)
& André Middelkoop (AM)

Shifting Dynamics
Winfried Verheul. Erwin Webbink
(De Nooduitgang stedenbouwkundig adviesbureau)

Een Huisje van Hennep
Kees van Wuyckhuyse
(KEES_ontwerpt), GreenHuus,
Electro Westhoeve, vd
Klooster Bouw & Pantanova
RUNNER UP 2

ECODUO Bewust Beweegbaar
Edwin Damen (KOW Concepts
Design Development)

VRIJ
Jan Timmer. Roelof Niezen
(Nautisch Centrum Delfzijl/
Waarschip)

opwekken-bewaren-zuiveren
Jurgen van der Ploeg (FARO
Architecten), Waitlands, IC4U,
Triple Solar, Green Art
Solutions, Our Green Spine,
Ruiter Electronics, PowerOak
WINNAAR / WINNER

ARC
Mart Holle (Benjamin-Prefab)
& Paul Lenferink (Saxion
Hogeschool Enschede)
WINNAAR / WINNER

Molitor
Frans van Leijsen
(Architect Frans van Leijsen)

Uplifting Living
Jeroen ter Maat (architect),
Jan van IJzendoorn
(beeldend kunstenaar)
& Matthijs Bosman
(beeldend kunstenaar)
WINNAAR / WINNER

leven met liefde voor eenvoud
Mees Hurkmans (meesderwerk)

Vivo ego, inter caelum et terra
Robert van Middendorp (Atelier
van Middendorp)

49

De ideeënprijsvraag / Ideas competition

DE JURY

THE JURY

De vakjury beoordeelde de inzendingen aan de hand van 'culturele waarde, innovatie, duurzaamheid, betaalbaarheid en realiseerbaarheid'. Zij had bovendien de opdracht van het stadsbestuur gekregen om te kiezen voor de inzendingen die 'het meest bijdroegen aan een zo breed mogelijk palet aan aangedragen ideeën'. De jury selecteerde 25 winnaars. Omdat de prijsvraag anoniem was, bleef tot op het laatste moment spannend wie er gewonnen hadden. Pas bij het openen van de enveloppen werden de namen van de makers duidelijk. De vraag aan de jury om een breed palet te selecteren leidde tot veel verschillende types huisjes: vrijstaand, gestapeld, geschakeld, tijdelijk, permanent, aangesloten op nutsvoorzieningen of geheel autarkisch. 'Het is belangrijk om enkele inzendingen in de selectie op te nemen waarvan de betaalbaarheid en realiseerbaarheid extra aandacht vragen. Deze inzendingen representeren per definitie nieuwe wegen.'

A professional jury assessed the entries according to 'cultural value, innovation, sustainability, affordability and feasibility'. Moreover, it had been asked by the city council to select entries that 'contribute most to the widest possible palette of submitted ideas'. The jury selected 25 winners. Since the competition was anonymous, the identity of the winners remained a secret right up to the last moment. The names of the makers were only revealed when the envelopes were opened. The request that the jury select a wide palette led to many different types of houses: freestanding, stacked apartments, semi-detached, temporary, permanent, connected to utilities, or completely autarkic. 'It is important to include in the selection a number of entries whose affordability and feasibility called for extra attention. By definition, these entries represent new ways, should they be built.'

v.l.n.r. / from left to right **Monique Brewster, Edwin Oostmeijer, burgemeester Franc Weerwind (voorzitter zonder stemrecht**/ chairman without voting right**), Elsbeth Falk, Jelte Glas en Arne Hendriks**

De ideeënprijsvraag / Ideas competition

'Het is heel bijzonder
in het leven omarmen en da

'It's really remarkable that people embrac

De ideeënprijsvraag / Ideas competition

dat mensen "het kleine"
als basis voor een huis zien.'

smallness" in life and as the basis for a house.'

THE INCREDIBLE SHRINKING MAN

50 cm

www.the-incredible-shrinking-man.net

Arne Hendriks
kunstenaar en filosoof, jurylid BouwEXPO
artist and philosopher, jury member BouwEXPO

Een kleine vis in een kleine viskom blijft klein. De vis groeit niet. Dat is het resultaat van het evolutionaire fenomeen van aanpassing. Het materiaal waarvan de vis is gemaakt, de biologische cel, registreert de omgeving. En die zorgt voor een match met de groeimogelijkheden in zijn omgeving. Met een foetus is het eigenlijk niet anders. Een foetus registreert via de placenta van de moeder of het zich in een omgeving met veel of weinig voedsel bevindt en zet het lichaam klaar om zo goed mogelijk met deze omstandigheden om te gaan. Min of meer hetzelfde principe zien we terug bij de bonsaiboom. In reactie op een gelimiteerde omgeving zendt de boom specifieke planthormonen, de jasmonades,

A small fish in a small bowl remains small. The fish doesn't grow. This is because of a evolutionary phenomenon called adaption. The material that the fish is made of, the biological cell, registers the surroundings. And it ensures a match with the growth possibilities in its environment. It's basically the same with a foetus. Through the mother's placenta, the foetus registers whether it's in an environment with lots of or little nourishment, and prepares its body accordingly to deal with the conditions as best as possible. We see more or less the same principle with the bonsai tree. In a limited environment, the tree synthesizes a plant hormone called jasmonate to suppress the growth of roots and branches. In stressful conditions, a bonsai tree can shrink in size by up to five percent compared to a tree in optimal conditions. How different is it if we zoom out and look at the human species as a whole. Since the start of the agricultural revolution some 10,000 years before Christ, the world's population has risen from about five million to almost eight billion people. That means

door het systeem dat de groei van wortels en takken afremt. Een bonsai in stressvolle omstandigheden kan tot 5% in grootte slinken ten opzichte van een bonsai in optimale omstandigheden.

Hoe anders is het als we uitzoomen en kijken naar de menselijke soort als geheel. Sinds het begin van de agrarische revolutie zo'n 10.000 jaar voor Christus, is de wereldbevolking toegenomen van ongeveer 5 miljoen mensen tot bijna 8 miljard. Dat betekent dat de aarde tegenwoordig 1.500 keer meer mensen moet onderhouden. Je zou ook kunnen zeggen dat onze viskom 1.500 keer kleiner is geworden. Maar in tegenstelling tot de vis of de bonsaiboom is de mens niet mee gekrompen met een steeds krappere omgeving. De mens is juist groter geworden. Nederlanders spannen de kroon. Sinds het midden van de negentiende eeuw is onze lengte gemiddeld met 19 cm toegenomen, een toename van ongeveer 12%. Omdat het lichaam in drie dimensies groeit, betekent deze 12% dat ons volume tegelijkertijd met 40% is toegenomen ($1{,}12 \times 1{,}12 \times 1{,}12 = 1{,}4$). Dat is 40% extra menselijke biomassa per persoon die moet worden onderhouden, vervoerd, gevoed en gehuisvest. Niet alleen zijn er meer mensen dan ooit, maar deze mensen zijn ook groter dan ooit.

Met mijn project 'The Incredible Shrinking Man' onderzoek ik of de mens weer kleiner kan worden. Hoe kunnen we dat bereiken? Wat zijn de consequenties daarvan? De tiny house-beweging diende zich al vroeg in mijn onderzoek aan als een bron van inspiratie. Deze beweging laat zien dat er in de mens niet alleen een verlangen naar groei, groter en meer huist, maar ook een verlangen naar krimp, kleiner en minder. Hoe kunnen we dit verlangen versterken, inspireren en laten domineren?

that the earth now has to support 1,500 times more people. You could say that our fish bowl has become 1,500 times smaller. But in contrast to the fish or the bonsai tree, people have not shrunk in response to their increasingly confined surroundings. In fact, people have grown. The Dutch top the list. Since the middle of the nineteenth century, our average length has risen by nineteen centimetres, an increase of about twelve percent. Because the body grows in three dimensions, this twelve percent means that our volume has increased by forty percent ($1.12 \times 1.12 \times 1.12 = 1.4$). That is forty percent more human biomass per person that needs to be supported, transported, fed and accommodated. Not only are there more people than ever before, but people are bigger than ever before.

With my project 'The Incredible Shrinking Man', I examine whether people can become smaller again. How can we achieve that? What are the consequences? The tiny house movement served as a source of inspiration from the early stages of my investigation. This movement shows that people possess not only a desire for growth, bigger and more, but also a desire for shrinkage, smaller and less. How can we strengthen and stimulate this desire and let it gain the upper hand?

Join the growth resistance!

'Wij moeten
meer ruimte bieden
aan mensen die
minder ruimte willen
gebruiken.'

'We should provide more space for people
who want to occupy less space.'

Reimar von Meding, Atelierleider van het Woningbouwatelier
studio leader at the Housing Atelier

AAN DE SLAG

DOWN TO WORK

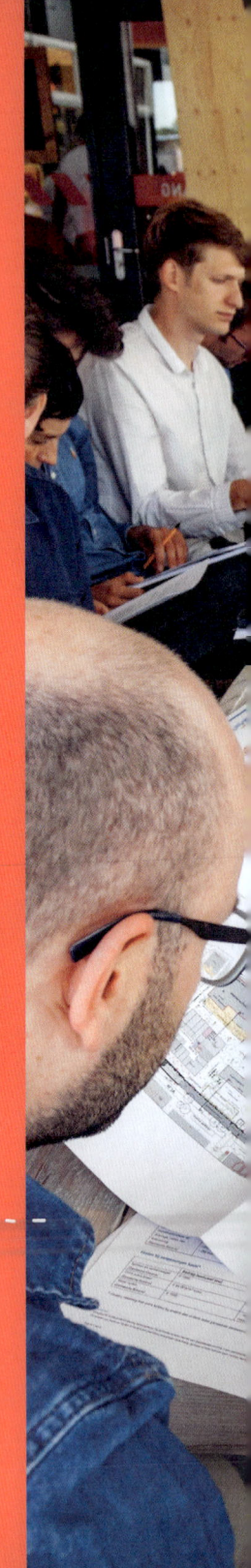

Aan de slag / Down to work

VOORAF
IN ADVANCE

Tiny houses komen niet zomaar uit de grond groeien. Er ging een proces aan vooraf. Hier schetsen we hoe dat proces verliep, in het bijzonder voor wat betreft de regelgeving.

Tiny houses don't just sprout out of the ground. A process was needed. We outline that process here, especially in relation to building regulations.

Ja, ze mogen het gaan doen! De jury heeft de winnaars aangewezen en die komen op hun beurt bij elkaar. Hoe gaat het verdere proces verlopen? Sommige winnaars zijn trots op hun prijswinnende idee en laten het daarbij. Ze hoeven hun tiny house idee niet te realiseren.
De winnaars bouwen immers hun huisje voor eigen rekening en risico. Met die kennis in het achterhoofd nemen tien winnaars de volgende stap. Later aangevuld met twee runners-up. Twee projecten bestaan uit meerdere huisjes in een stapeling of schakeling. Daarmee komt de teller in totaal op zestien huisjes te staan.
De prijsvraag van de BouwEXPO bestaat uit drie categorieën: permanent, tijdelijk en pioniers. Permanent betekent een vaste plek. Tijdelijk is bedoeld voor verplaatsbare tiny houses. Onder pioniers scharen we zelfvoorzienende tiny houses. Deze zijn off-the-grid en hebben dus geen aansluiting op nutsvoorzieningen.

Yes, they could go and build it! The jury had selected the winners and they then met to discuss how to proceed. How would the process unfold? Some winners were simply proud of their competition-winning idea and left it at that. They don't have to build.
The winners were to build their tiny house at their own risk. With that in mind, ten winners proceeded to the next phase. Two runners-up added later. Two projects consisted of multiple houses connected vertically or horizontally. That brought the total to sixteen tiny houses.
The BouwEXPO competition consisted of three categories: permanent, temporary and pioneers. Permanent meant a fixed plot. Temporary was intended for tiny houses that were mobile. And Pioneers comprised self-sufficient tiny houses. These were off the grid and therefore lacked connections to utilities.

KOOP, ERFPACHT OF HUUR VAN DE GROND

BUY, LEASE OR RENT THE PLOT

De winnaars van de categorie permanent kunnen kiezen uit koop of erfpacht van de grond. Voor de kavels gelden reguliere, marktconforme grondprijzen. Twee winnaars kiezen voor erfpacht omdat zij de benodigde investeringssom voor koop niet geheel gefinancierd krijgen. Bij erfpacht hanteert de gemeente voor hen een jaarlijkse vergoeding van de grondprijs (ten tijde van de BouwEXPO is dat 5%) waardoor de financiering en daarmee de realisatie van het tiny house toch bereikbaar wordt. De erfpachters kunnen de gemeente elk jaar verzoeken hun erfpacht te beëindigen en deze om te zetten in koop. In dat geval betalen zij de grondprijs van dat moment.

Kaveltje huren voor maximaal twee jaar

De winnaars van de categorieën tijdelijk en pioniers huren hun kaveltje voor maximaal twee jaar. Zij ontvangen niet bij voorbaat een garantie op een volgende (tijdelijke) plek. Dat is voor de gemeente moeilijk toe te zeggen. Voor de grondprijs

The winners in the permanent category could choose to buy or lease the land. Standard land prices in line with the prevailing market applied to the plots. Two winners chose for a lease construction because they could not secure a loan for the necessary investment sum. In the case of land lease, the municipality employed an annual fee based on the land price (five percent at the time of the BouwEXPO), thereby ensuring that the financing and thus the construction of the tiny house were feasible. Each year the leaseholders have an opportunity to terminate the lease agreement and buy the land from the municipality. In that eventuality, the prevailing land price will apply.

Renting a plot for a maximum of two years

The winners of the temporary and pioneer categories leased their plots for a maximum of two years. They did not receive any advance guarantee of a follow-up (temporary) plot, which was impossible for the municipality to promise. For the land lease,

houdt de gemeente een huurpercentage van de grondprijs aan. Voor tiny house Snuk, dat een kavel nodig heeft van slechts 30 m², betekent dit bijvoorbeeld een huurprijs voor de grond van 577,50 euro per jaar.

Als de winnaars niet zelf in hun huisje willen gaan wonen, maar het willen verhuren, dan kan dat. Ze kunnen dan gebruikmaken van de speciaal voor de prijsvraag ontwikkelde 'Huurovereenkomst Vakantiewoning' of van de 'Huurovereenkomst Woonruimte' (ex Wet doorstroming huurmarkt 2015).

Het huren van grond wordt pas interessant bij een substantiële huurtermijn vanwege de transportkosten en de eenmalige kosten voor aan- én afsluitingen. Voor de echte tiny house bewoner kan dit minder zwaar wegen omdat het huisje op een trailer achter een auto wordt vervoerd en (deels) autarkisch is.

Bij de categorie pioniers gaat het om leven off-the-grid. Daar hoort geen aansluiting op nutsvoorzieningen en riool bij. Dus ook geen rekeningen meer voor energie, water, elektra, rioolbelastingen en aansluitkosten.

Grondprijzen en overige kosten

De gemeente Almere maakte voor de prijsvraag in 2016 een reglement. Daarin stond omschreven waar winnaars rekening mee moesten houden voor wat betreft de grondprijzen en de overige kosten. We zetten deze hier op een rij.

Als winnaar moet je voor de grondkosten rekening houden met een huur/erfpacht van de grond van 19,25 euro (inclusief btw) per m² per jaar. In geval van koop geldt een grondprijs van 385 euro (inclusief btw) per m². Winnaars moeten, naast de grondkosten, rekening houden met legeskosten voor het verkrijgen van de

Aan de slag / Down to work

the municipality set a percentage fee based on the land price. The Snuk tiny house, for example, needed a plot of just 30 m², and this resulted in a land lease price of 577.50 euros per year.

If winners did not want to live in their own house, they were allowed to rent it out. They could then make use of the 'Holiday Home Rental Agreement', drawn up specially for the competition, or the 'Living Space Rental Agreement' (Rental Market Act 2015).

Leasing land only becomes interesting in the case of a substantial lease period on account of the transport costs and the one-off costs for connections and disconnections. For the real tiny house resident, this is less relevant because the house is transported on a trailer attached to a car and is in part autarkic.

The pioneer category was about living off the grid. There were no connections to utilities or the sewer system. So, no more bills for energy, water, electricity, sewerage, connection charges.

Land prices and other costs

In 2016 the municipality of Almere drew up the competition regulations. They detailed issues that the winners had to deal concerning land prices and other costs. These are outlined here.

Winners had to work on the basis of a land lease price of 19.25 euros (including VAT) per m² per year. In the event of purchase, the price of the plot was 385 euros (including VAT) per m². Besides the cost of the plot, winners faced fees for securing the necessary permits and one-off standard fees for utility connections.

These fees, at the time of the BouwEXPO:
Electricity circa 800 euros
Water circa 660 euros
Sewage system circa 500 euros
Rainwater drainage circa 500 euros
District heating circa 7000 euros.

benodigde vergunningen en de eenmalige standaardtarieven in geval van aansluiting. Deze bedragen ten tijde van de Bouw-EXPO:
Elektra circa 800 euro
Water circa 660 euro
Riool circa 500 euro
Afvoer hemelwater circa 500 euro
Stadswarmte circa 7.000 euro.
De aansluiting op telefoon/glasvezel/kabel is afhankelijk van de aanbieder.
Voor de categorie permanent hielden de winnaars rekening met een (standaard) eenmalige bijdrage van 2.500 euro voor de aanleg van een parkeerplaats in openbaar gebied. Deze bijdrage hoeven winnaars niet te betalen als ze een permanente parkeerplaats op eigen terrein (niet inpandig) realiseren.

Zelf wonen of ABC-contract

Het uitgangspunt van de prijsvraag is dat iedereen mee moet kunnen doen. De winnaars zijn dus niet verplicht om zelf in het huisje te gaan wonen. Meer dan de helft van de winnaars bouwde het huisje – voorlopig – voor zichzelf en op eigen risico. De andere winnaars zochten een koper die geïnteresseerd was in hun plan en die het huisje wilde bewonen. Zij vonden geïnteresseerde kopers via makelaars, funda en via via. Deze kopers zijn daarmee feitelijk de opdrachtgevers van de winnaars geworden.

Voor de winnaars die bij aanvang met een koper samenwerkten, werd de grond geleverd via een zogenaamde ABC-levering. Daarbij is de gemeente als eigenaar van de grond partij A, de prijswinnaar partij B en de koper partij C. De gemeente wilde zich ervan verzekeren dat het winnende idee ook daadwerkelijk werd gerealiseerd. Partij B mocht de grond daarom alleen doorverkopen met toestemming van de gemeente.

The costs of connections for telephone, fibre-optics and cables were set by the various providers. In the permanent category, the winners faced a standard one-off contribution of 2500 euros for the construction of a public parking space. Winners who made a permanent parking place on their own plot (not indoor) were exempt from paying this sum.

Home to the winners or ABC contract

The principle of the competition was that everybody could take part. The winners were therefore not obliged to live in their house. More than half of the winners built their house for themselves, at least for the present, at their own risk. The other winners sought a buyer interested in living in their house. They found potential buyers through real estate agents, through the funda property website and through the grapevine. In effect, these buyers became the clients of the winners.

For the winners who worked with a buyer from the start, the land was issued through a so-called ABC contract, in which the municipality is party A, the owner of the land; the prize-winner is party B; and the buyer is party C. The municipality sought to ensure that the winning idea was indeed built. Party B was only permitted to sell the plot on with the approval of the municipality.

Aan de slag / Down to work

KABELS & LEIDINGEN

CABLES, PIPES, WIRES

Onder de grond bevindt zich een woud aan kabels en leidingen voor gas of stadswarmte, water, riool, elektra en data. Het fixeert het kleine huisje op zijn plek. Draaien of schuiven is na aansluiting onmogelijk. Het riool wordt door de gemeente aangelegd. De overige diensten door private nutspartijen. Deze leveranciers vragen gestandaardiseerde – relatief grote – aansluitpunten. Deze vormen een hele uitdaging voor de tiny house-winnaars.

Off-the-grid

Huisjes die niet afhankelijk zijn van ondergrondse kabels en leidingen maar geheel zelfvoorzienend zijn, kan dat? Veel is in dit verband al bedacht. Denk aan energie uit zonnepanelen, energieopslag in batterijen en zuivering van afvalwater via helofytenfilters. De winnaars voegen ideeën toe: helofytenfilters in een verticale wand, een e-shower aangesloten op de Quooker en PVT-panelen. Een van de winnaars krijgt het voor elkaar om het 'grijze water' om te werken naar 'drinkbaar water geschikt voor menselijke consumptie'. Het vergt wel een levenswijze waarbij bewoners zorgvuldig omspringen met water en energie. De ervaring van de Stichting Tiny House Nederland is dat off-the-grid-huisjes in Nederland

Buried in the ground is a maze of cables and pipes for gas, district heating, water, sewage, electricity and data. They anchor a tiny house to its site. Once connected, it cannot be rotated or moved. The sewer system is put in place by the municipality, and the other services by private utility companies. These suppliers want standardized – relatively large – connection points. That posed a real challenge for the tiny house winners.

Off the grid

Is it possible to design a house that is not dependent on underground cables and pipes but is completely self-sufficient? Lots of progress has already been made in this area. Just think of energy from solar panels, energy stored in batteries, and waste-water purification with helophyte filters. The winners could add ideas of their own: helophyte filters set into vertical walls, e-showers connected to Quookers, and photovoltaic thermal panels. One winner even managed to transform 'grey water' into 'potable water suitable for human consumption'. It does require a lifestyle in which residents use water and energy carefully. The experience of the Tiny House Netherlands Foundation is that off the grid houses in the Netherlands

Aan de slag / Down to work

goed mogelijk zijn. Als er ergens nog een knelpunt zit dan betreft het een tekort aan water in extreem droge periodes. Op een permanente locatie is het haalbaar om voldoende opslagcapaciteit te realiseren. Dit is op een tijdelijke locatie vaak lastiger. Alle experimenten vergen nu denkwerk en investeringskosten voordat ze groter uitgerold kunnen worden. Het kleine huisje is uitermate geschikt om hierin als laboratorium te fungeren.

Minstens even duurzaam als stadswarmte

Een tiny house biedt bij uitstek de mogelijkheid om innovatieve energieoplossingen te testen. Echter, voor Almere Poort geldt een verplichte aansluiting op de stadswarmte. Om innovaties mogelijk te maken, maakten de gemeente Almere en het Woningbouwatelier direct bij de start van de prijsvraag afspraken met energiebedrijf Nuon. Afwijken van de aansluitplicht mocht, mits er een oplossing werd voorgesteld die minstens even duurzaam is als de stadswarmte.

Ook stelde Nuon een gedeelde aansluiting voor meerdere huisjes als mogelijkheid voor. Daardoor konden de aansluitkosten worden gedeeld. Meer dan de helft van de winnaars koos voor een alternatieve duurzame oplossing. De gemeente monitort en evalueert de door hen gerealiseerde toepassingen.

are very feasible. If there is a sticking point anywhere, it is a shortage of water in extremely dry periods. Sufficient storage capacity can be created on a permanent site, but this is often more difficult on a temporary site. All experiments require investigation and investment before they can be introduced on a large scale. In this regard, the tiny house is eminently suited to act as a laboratory.

As sustainable as district heating

A tiny house offers an excellent opportunity to test innovative energy solutions. However, a connection to the district heating network is compulsory in Almere Poort. To facilitate innovation, the municipality of Almere and the Housing Atelier came to an agreement with electricity company Nuon at the start of the competition. The compulsory connection could be avoided if the winners proposed a solution that was just as sustainable as district heating.

Nuon also suggested the possibility of one shared connection for multiple houses so that the cost of the connection could be shared. More than half of the winners opted for an alternative sustainable solution. The municipality is now monitoring and evaluating the solutions that have been implemented.

Aansluitingen kosten geld. Of je nu een klein of groot huis hebt. Bij een tijdelijk verblijf betaal je twee keer: eenmaal bij het aansluiten en eenmaal bij het afsluiten. Een groep kan overwegen om één aansluiting aan te vragen en zelf tussenmeters te plaatsen.

Connection points cost money, whether your house is big or small. For temporary you pay twice: first for connecting and then for disconnecting. A group can consider applying for one connection and then installing additional meters for each individual.

Aan de slag / Down to work

Bouwrijp maken, winter 2017
Preparing the construction site, winter 2017

KAVELPASPOORT BESTEMMINGSPLAN

PLOT PASSPORT, LAND USE PLAN

Wie komt waar te zitten? Die vraag komt aan bod tijdens de indeling voor de categorie permanent. Het uitgeefbare gebied is 1.400 m² groot. Op verzoek van de winnaars organiseert de gemeente een loting. Die bepaalt een verdeling van de winnende plannen over de locatie. De uitkomst van de loting is uitgangspunt voor het verkavelingsplan dat stedenbouwkundig supervisor Art Zaaijer maakt. Hij verfijnt het stedenbouwkundig plan met bouwvoorschriften en tekent de bouwvlakken in, afgestemd op de aard en omvang van de winnende ontwerpen.

In 2016 legt de gemeente dit verkavelingsplan met de bijbehorende bouwregels vast in een kavelpaspoort. Tijdens de ontwikkeling van de locatie blijkt dat de winnaars van de categorieën tijdelijk en pioniers er ook bij passen. Hun huurovereenkomsten voor de grond verhuizen als het ware mee. In 2018 biedt de gemeente deze winnaars ook de mogelijkheid hun grond te kopen. Daar hebben ze allemaal gebruik van gemaakt. Vanwege deze verschuiving onder de deelnemers actualiseert de gemeente het kavelpaspoort in 2018. Dat kavelpaspoort laat zich lezen als een minibestemmingsplan. Het is uiteindelijk deel gaan uitmaken van het echte bestemmingsplan.

Who got which plot? That was the question to answer when deciding on the layout of the site for the permanent category.
The allocated site is 1.400 m² in area. At the request of the winners, the municipality drew lots to determine the position of the winning designs on the site. The results of that draw then formed the starting point for the development plan drawn up by urban design advisor Art Zaaijer. He refined the urban plan with building regulations and marked out the boundaries of each plot, in line with the character and size of the winning designs.

In 2016 the municipality incorporated this development plan and the accompanying building regulations into a so-called 'plot passport'. During the development of the site, it turned out that the winners of the temporary and pioneer categories could also be accommodated on the same site. The same rent agreements applied to their new sites. In 2018 the municipality also gave these winners a chance to buy their plot. All of them did so. Owing to this shift among participants, the municipality updated the plot passport in 2018. That plot passport reads as a mini development plan and was eventually incorporated into the real development plan.

Aan de slag / Down to work

Parkeren
Ook kleine huisjes hebben te maken met parkeernormen. Welke norm geldt voor een tiny house? In de Nota Parkeernormen zijn de grondgebonden tiny houses herkend en genormeerd als aparte categorie.

Welstand
De gemeente Almere koos voor de huizen op het BouwEXPO-terrein niet voor toetsing door de welstandscommissie. Immers, de prijsvraagjury had al een selectie gemaakt. Wel ziet de supervisor er tijdens de ontwikkeling op toe dat de huisjes passen in de geest van de prijsvraag en de stedenbouwkundige opzet. Overigens is het goed denkbaar dat in situaties waarbij Nederlandse gemeenten en omwonenden beducht zijn dat locaties met tiny houses in caravanparken veranderen, wél de bekende weg van welstandstoezicht wordt bewandeld.

Kopersvereniging
Ook denkbaar is dat bewoners onderling in een kopersvereniging afspraken maken over uiterlijk, materiaalgebruik, maatvoering enzovoort. Binnen een stichting, vereniging of wooncoöperatie kan onderling veel geregeld worden. Er kan zelf een verkaveling gemaakt worden, afspraken over erfafscheidingen, over bij- en aanbouwen en over de architectuur van de woningen. Bewoners kunnen in een privaatrechtelijke rechtspersoon onderling vaak meer regelen dan een overheid kan met bestemmingsplannen en welstand. Denk in dit verband bijvoorbeeld aan de organisatie van volkstuinen of de Verenigingen van Eigenaren in appartementencomplexen.

Parking
Tiny houses are also subject to parking norms. But what norm applies to a tiny house? The Policy Document on Parking Norms has recognized and standardized ground-access tiny houses as a separate category.

Design review procedure
The municipality of Almere chose not to have the houses on the BouwEXPO site assessed by the municipal design review board. After all, the competition jury had already screened the schemes. However, the supervisor of the design review board examines whether the houses reflect the spirit of the competition and the urban design during the development procedure. It should be noted, however, that in situations where Dutch municipalities and surrounding residents are apprehensive that sites with tiny houses are turning into caravan parks, the municipal design review board can still intervene.

Buyers association
It is also possible for residents to organize themselves into a buyers association and draw up rules governing appearance, materials, dimensions and so on. Lots of things can be agreed through such a housing association, foundation or housing cooperatives. Even the site layout and agreements concerning plot boundaries, outbuildings and extensions, and the architecture of the houses. Residents united in a private-law legal entity can often arrange much more than a municipality can through a development plan and design review board. Just think of the organization of allotment gardens or the association of owners in apartment complexes.

Overleg, najaar 2016
Consultation, autumn 2016

Aan de slag / Down to work

KAVELPASPOORT
BouwEXPO Tiny Housing

Homeruskwartier Centrum Prijsvraaglocatie Tiny Housing Permanent
HKC 4007 t/m 4029, 4034, 4078

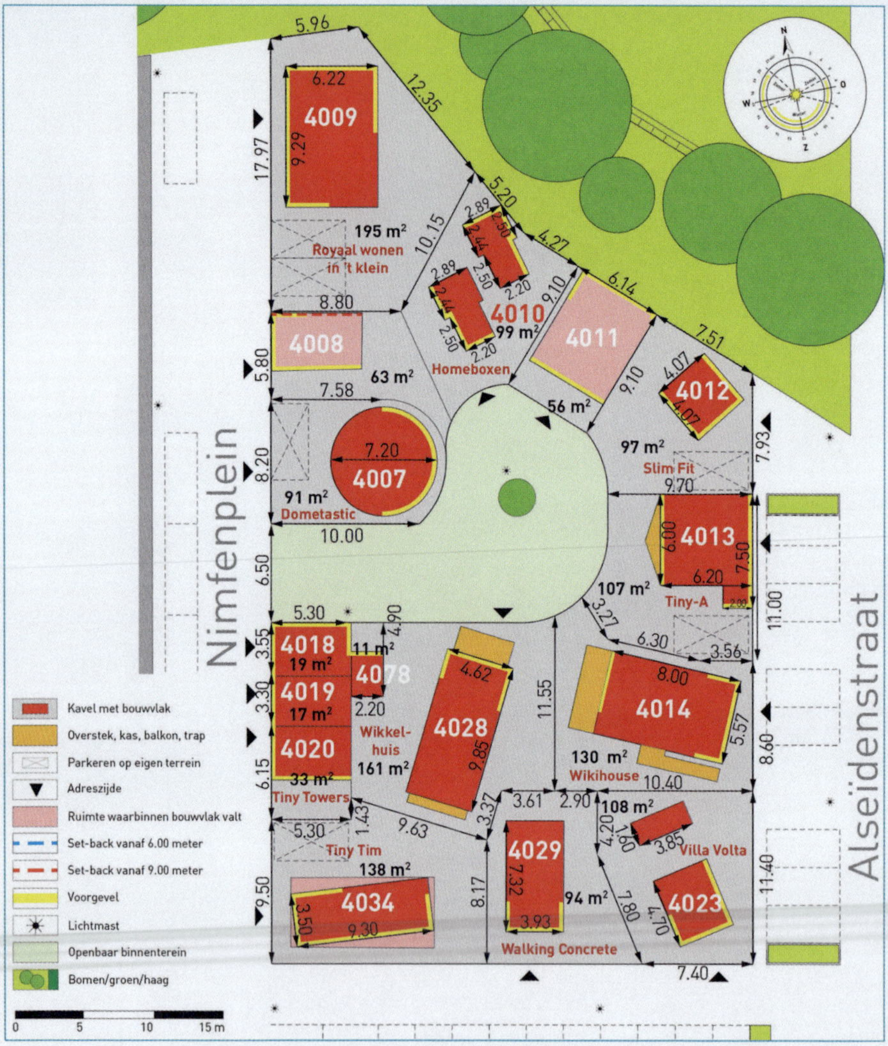

Aan de slag / Down to work

BouwEXPO Tiny Housing

In 2016 heeft de jury van de ideeënprijsvraag 'Bevrijd wonen. Jouw Tiny House in Almere!' een palet aan winnende plannen geselecteerd. Aan de hand van de winnende plannen met de potentie van realisatie is door de supervisor destijds een stedenbouwkundig plan gemaakt met een karakteristieke hoge dichtheid en een evenwichtige balans tussen privé en (in)formeel burencontact. Dat plan is vastgelegd in het kavelpaspoort van 2 december 2016. Aangezien enkele winnaars alsnog niet hun idee konden realiseren, hebben – in volgorde van toewijzing door de jury – runners up een kavel afgenomen, en werd de winnaars van de prijsvraaglocatie Tijdelijk en Pioniers de kans geboden hun plan te realiseren op de prijsvraaglocatie Permanent. Een kavel resteerde waardoor een derde partij heeft kunnen intreden met een bouwinitiatief in het kader van de Tiny Housing gedachte, Wikihouse. Om deze redenen is het verkavelingsplan en kavelpaspoort van 2 december 2016 geactualiseerd met onderhavig verkavelingsplan en kavelpaspoort.

Supervisor

De supervisor ziet in geval van nieuwe bouwinitiatieven erop toe dat een nieuw bouwinitiatief passend is, zowel in de geest van de prijsvraag, als ook in stedenbouwkundige zin, zodat er geen ongewenste belemmeringen ontstaan voor belendende kavels en hun Tiny Houses.

Regels voor het bouwen

- De kavels zijn bestemd voor het bouwen van één Tiny House tenzij door de gemeente anders is besloten.
- Het Tiny House dient te worden gebouwd en in stand te worden gehouden in de geest van het winnende idee.
- Het Tiny House moet binnen het bouwvlak gebouwd worden, tenzij door de gemeente toestemming is verleend om boven openbaar gebied een overbouw te bouwen.
- Niet grondgebonden ondergeschikte bouwdelen mogen tot 0.30 meter buiten het bouwvlak vallen, maar niet buiten de kavelgrenzen.
- De adreszijde ligt vast.
- Een deel van de bewoners parkeert in openbaar gebied, een deel van de bewoners parkeert op eigen terrein. De locatie van de parkeerplaats op eigen terrein ligt vast.

Tiny Housing

- **Behoud karakter Tiny Houses:** Als leidend beginsel van de ontwikkeling van de prijsvraaglocatie Tiny Housing Permanent in het kader van de BouwEXPO geldt dat de huisjes 'tiny' moeten zijn. Eén van de randvoorwaarden voor deelname aan de prijsvraag betreft dat het bruto vloeroppervlak (bvo) per Tiny House (inclusief eventuele bergingen en/of verdiepingen) niet groter mag zijn dan 50 m². Tevens is in het prijsvraagreglement de locatie Permanent getypeerd als in een relatief hoge dichtheid te bebouwen. De erfafscheiding kan vanwege de compacte verkaveling extra aandacht vragen. Om een vriendelijke afscheiding en toch privacy te creëren kan de erfafscheiding ter plaatse van aangrenzende kavels bijvoorbeeld worden gevormd door beplanting met hooguit een hekwerk als ondersteuning van de beplanting. Over de gewenste erfafscheidingen kunnen de eigenaren en bewoners (in een buurtvereniging) nadere afspraken met elkaar maken.

Overig

- **Binnenterrein:** De inrichting van het openbare middengebied bestaat uit gras, looppaadjes en een of twee lantaarnpalen.
- **Burenrecht:** Houd er rekening mee dat het Burenrecht uit boek 5 van het Burgerlijk

Wetboek tussen u en uw buren van toepassing is.
- In het **Basishandboek Zelfbouw** staan waardevolle en praktische tips tijdens het proces van ontwerp tot eigen huis, te vinden op de website. Meer praktische informatie vindt u op ikbouwmijnhuisinalmere.nl, zoek op downloads.
- Het **vloerpeil** bedraagt -2.20 m NAP.

Begripsbepalingen
- Bouwvlak: een vlak, waarmee gronden zijn aangeduid waarop bebouwing is toegelaten.
- Kavel: een aaneengesloten stuk grond zoals aangegeven op de uitgiftetekening.
- Tiny House: een klein gebouw of een deel daarvan geschikt en bestemd voor de huisvesting van niet meer dan één huishouden dan wel voor een met een huishouden gelijk te stellen minder traditionele woonvorm.
- Ondergeschikte bouwdelen: balkons, luifels, dakgoten, dakoverstekken, sierlijsten, antennes, zonnepanelen, zonnecollectoren en naar de aard daarmee gelijk te stellen bouwonderdelen.

Aanvulling: Regels voor het bouwen
- Voor kavel 4078 geldt een maximale hoogte van 2.00 meter boven maaiveld. In geval van een schuin dakje is de gemiddelde hoogte daarvan niet meer dan 2.00 meter.
- Vanuit de gedachte dat een Tiny House een heel leven kan herbergen en vanwege de hoge stedenbouwkundige dichtheid zijn de gezichtsbepalende gevels als voorgevels aangemerkt. Hieronder worden ook de gevels verstaan waarlangs op eigen terrein geparkeerd wordt.
- De in maart 2018 gerealiseerde en vergunde bouwmassa's blijven de maximaal toegestane bouwvolumes voor het kavel van dat Tiny House.

Discretionaire bevoegdheid
Indien strikte toepassing van de bepalingen van het kavelpaspoort voor de koper leidt tot een onevenredig nadelige beperking, kan de koper het college van B&W schriftelijk en gemotiveerd verzoeken om daarvan af te mogen wijken. Om toestemming te kunnen verlenen, dient de voorgestelde afwijking te voldoen aan het doel en de strekking van de bepaling waarop deze betrekking heeft. Het college heeft bij de beoordeling van het verzoek tot afwijking een discretionaire bevoegdheid om te besluiten of afgeweken mag worden.

Aan de slag / Down to work

Voor de BouwEXPO ontwikkelde de gemeente een kavelpaspoort. Hier is een samenvatting opgenomen. De volledige kavelpaspoorten zijn te raadplegen op www.ruimtelijkeplannen.nl, zie in het bijzonder artikel 19.3 van het bestemmingsplan 'Almere Poort West en Pampushout'.

For the BouwEXPO, the municipality developed a plot passport, a summary of which is present on this page. All plot passports can be consulted on www.ruimtelijkeplannen.nl. See in particular Article 19.3 of the 'Almere Poort West en Pampushout' development plan.

BOUWBESLUIT
BUILDINGS DECREE

Tiny houses worden gezien als lastig te vergunnen via het Bouwbesluit. In overleg met het Ministerie van Binnenlandse Zaken en het Woningbouwatelier verdiepten de winnaars dit traject. Tegen welke obstakels lopen de winnaars aan bij toetsing van hun plan aan het Bouwbesluit 2012? Dat besluit regelt dat bouwwerken voldoende veilig, gezond, bruikbaar, energiezuinig en duurzaam zijn.

Minimummaten
Een van de eerste punten: hoe klein mag een huis wettelijk zijn? Expert Bouwbesluit Joost Pothuis: 'De voorgeschreven afmetingen van woningen komen voort uit een onderzoek uit de jaren tachtig waarbij is uitgegaan van bepaalde combinaties van meubelen en indelingen van woonruimtes. Echter, de gezinssamenstelling, het gebruik van de woning en de benodigde meubels zijn inmiddels veranderd. Zeker bij woonvormen waarbij mensen bewust willen leven met minder spullen, gezamenlijk bezit hebben of spullen lenen of huren.'
De afgelopen decennia is de wetgeving op onderdelen bijgesteld. Alle huisjes van de BouwEXPO voldeden direct of na aanpassingen aan de voorschriften van het Bouwbesluit 2012.

Tiny houses are seen as difficult to authorize through the Bouwbesluit (Dutch Buildings Decree). In consultation with the Ministry of Internal Affairs and with the Housing Atelier, the winners examined this area in depth. Which obstacles did they encounter in testing their design against the regulations in the Buildings Decree 2012?
These regulations are designed to ensure that buildings are sufficiently safe, healthy, functional, energy-efficient and sustainable.

Minimum dimensions
One of the first points: how small can a house be legally? Buildings Decree expert Joost Pothuis: 'The prescribed dimensions of houses stem from research conducted in the 1980s and based on certain combinations of furniture and layouts of living spaces. However, the family composition, the use of the house and the furniture required have all since changed. Especially in cases of forms of housing in which people consciously choose to live with fewer possessions, share possessions or borrow or rent things.'
Aspects of the legislation have been amended in recent decades. All BouwEXPO homes met the requirements of the Buildings Decree 2012 immediately or after slight adjustments.

Particulier opdrachtgeverschap, of niet

De wet maakt een onderscheid tussen een woning die je voor jezelf bouwt en woningen die voor de markt worden ontwikkeld. In dat laatste geval gelden hogere eisen. Het minimumoppervlak voor het zogenaamde verblijfsgebied is dan 18 m^2. Voor een gecombineerde toilet/badkamer geldt een minimumeis van 2,2 m^2. Voor de buitenberging 5 m^2. Als er geen tuin is, moet er een balkon of buitenruimte komen van minimaal 4 m^2. De verplichte maatvoering voor de opstelplekken voor een aanrecht en een kooktoestel zijn gebaseerd op de handelsmaten van een regulier aanrecht en fornuis. De plafondhoogte is minimaal 2,60 m.
Voor particuliere opdrachtgevers die hun eigen huis(je) bouwen zijn de nieuwbouweisen deels lager of niet van toepassing. Dit vanuit het idee dat particuliere bouwers zelf in staat zijn om te bepalen met welke kwaliteit zij willen wonen. Voor hen geldt: minimaal 10 m^2 verblijfsgebied en 0,64 m^2 toiletruimte. Bergingen of balkons zijn persoonlijke keuzes en niet wettelijk verplicht. De plafondhoogte is weer wel voorgeschreven, maar met 2,10 m lager dan die voor ontwikkelaars.
Zie pagina 88/89 voor een schematische weergave van de minimale woningplattegrond en de trap.

Hoogslaper

Een kleine hoogslaper met een eenvoudig laddertje in een tiny house haalt die voorgeschreven plafondhoogte zelden. Dit is op zich geen probleem. Het staat iedereen vrij een bed aan de muur te hangen. Een dergelijke hoogslaper kan echter niet worden meegeteld in het wettelijk benodigd m^2 verblijfsgebied. Het kan ook geen onderdeel zijn van de bouwconstructie die bij de constructieve veiligheid behoort te worden meegerekend.

Privately commissioned housing, or not

The law makes a distinction between a house you build for yourself and houses developed for the market. The latter are subject to more stringent requirements. The minimum surface area for so-called living space is 18 m^2. The minimum requirement for a combined toilet/bathroom is 2.2 m^2. For external storage space: 5 m^2. If there is no garden, there has to be a balcony or outdoor space of minimum 4 m^2. The required dimensions for the kitchen unit and cooker are based on the commercial dimensions of a standard unit and stove. The minimum ceiling height is 2.60 m. Building regulations are less strict, or not applicable at all, for private clients who build their own house. This is based on the idea that private individuals are capable of deciding on the quality of their own living space. For them, the requirements are: minimum 10 m^2 living space and 0.64 m^2 toilet space. Storage areas or balconies are personal choices and not statutory. The ceiling height is prescribed, but at 2.10 m it is lower than that for developers.
See page 88/89 for a diagram of the minimum floor plan and staircase for a house.

Elevated bed

Moreover, a small elevated bed accessed by a simple ladder in a tiny house fails to comply with the required ceiling height. This is not a problem as such. Everybody is free to attach a bed to the wall. However, such a raised bed does not count in meeting the legal requirement for floor area of living space. Moreover, the bed cannot form part of the building structure used to calculate the safety of the structure.

			Ontstaansbron			Inwerkingtreding		
Datum van inwerking- treding	Terugwerkende kracht	Betreft	Ondertekening	Bekendmaking	Kamerstukken	Ondertekening	Bekendmaking	Opmerking
01-04-2012		Wijziging	22-12-2011	Stb. 2011, 676		20-03-2012	Stb. 2012, 125	
		Nieuwe-regeling	29-08-2011	Stb. 2011, 416		20-03-2012	Stb. 2012, 125	

1. Op het geheel of gedeeltelijk vernieuwen of veranderen of het vergroten van een bouwwerk zijn wat betreft de hoofdstukken 2 tot en met 5 de voorschriften van een te bouwen bouwwerk van toepassing tenzij in de desbetreffende afdeling voor een voorschrift anders is aangegeven.
2. Op het gedeeltelijk vernieuwen of veranderen of het vergroten van een installatie is wat betreft hoofdstuk 6 het rechtens verkregen niveau van toepassing.
3. Op het geheel vernieuwen van een installatie zijn wat betreft hoofdstuk 6 de voorschriften van een te bouwen bouwwerk van toepassing.

Artikel 1.12a. Uitzonderingen woonfunctie voor particulier eigendom

			Ontstaansbron			Inwerkingtreding		
Datum van inwerking- treding	Terugwerkende kracht	Betreft	Ondertekening	Bekendmaking	Kamerstukken	Ondertekening	Bekendmaking	Opmerking
01-07-2015		Nieuw	15-06-2015	Stb. 2015, 249		15-06-2015	Stb. 2015, 249	

Op het bouwen van een woonfunctie voor particulier eigendom zijn de afdelingen 4.3, 4.4, 4.5 en 4.6, en onverminderd het bepaalde in artikel 9.2, 10e lid, artikel 6.10 niet van toepassing. Wat betreft de afdelingen 2.3, 2.4, 2.5, 2.6, 3.11, 4.1 en 4.7 zijn de voorschriften voor een bestaand bouwwerk van toepassing.

Artikel 1.13. Monumenten

			Ontstaansbron			Inwerkingtreding		
Datum van inwerking- treding	Terugwerkende kracht	Betreft	Ondertekening	Bekendmaking	Kamerstukken	Ondertekening	Bekendmaking	Opmerking
01-04-2012		Nieuwe-regeling	29-08-2011	Stb. 2011, 416		20-03-2012	Stb. 2012, 125	

Indien aan een omgevingsvergunning voor een activiteit als bedoeld in artikel 2.1, eerste lid, onder f, dan wel artikel 2.2, eerste lid, onder b, van de Wabo een voorschrift is verbonden dat afwijkt van een bij of krachtens dit besluit vastgesteld voorschrift voor het geheel of gedeeltelijk vernieuwen of veranderen of het vergroten van een bouwwerk, is uitsluitend het aan die vergunning verbonden voorschrift van toepassing.

Artikel 1.14. Tijdelijke bouw

			Ontstaansbron			Inwerkingtreding		
Datum van inwerking- treding	Terugwerkende kracht	Betreft	Ondertekening	Bekendmaking	Kamerstukken	Ondertekening	kirkendmaking	Opmerking
01-11-2014		Wijziging	04-09-2014	Stb. 2014, 333		03-10-2014	Stb. 2014, 358	
01-04-2012		Nieuwe-regeling	29-08-2011	Stb. 2011, 416		20-03-2012	Stb. 2012, 125	

1. Op het bouwen van een tijdelijk bouwwerk zijn wat betreft de hoofdstukken 2 tot en met 6 de voorschriften voor een bestaand bouwwerk van toepassing, tenzij in de desbetreffende afdeling voor een voorschrift anders is aangegeven.
2. Indien een als tijdelijk bouwwerk gebouwd bouwwerk als permanent bouwwerk aanwezig blijft, wordt dat bouwwerk wat betreft hoofdstukken 2 tot en met 6 in overeenstemming gebracht met de voorschriften van een te bouwen bouwwerk.

Artikel 1.15. Verplaatsing

			Ontstaansbron			Inwerkingtreding		
Datum van inwerking- treding	Terugwerkende kracht	Betreft	Ondertekening	Bekendmaking	Kamerstukken	Ondertekening	Bekendmaking	Opmerking
01-04-2012		Nieuwe-regeling	29-08-2011	Stb. 2011, 416		20-03-2012	Stb. 2012, 125	

1

Aan de slag / Down to work

Gelijkwaardigheid

Een volgend punt waar de winnaars bij stil stonden, is de zogenaamde gelijkwaardigheidsbepaling. Deze voorziet in de mogelijkheid om een oplossing voor te stellen die afwijkt van de eisen van het Bouwbesluit 2012. De oplossing dient wel eenzelfde veiligheid, gezondheid, bruikbaarheid en energiezuinigheid te bieden als met de eis is beoogd. De winnaar van het plan Tiny-A maakte bijvoorbeeld aannemelijk dat zijn molenaarstrap, die veel steiler is dan een normale trap, ook veilig kan worden belopen. De winnaars achter het Tiny Revolver House maakten aannemelijk dat het draaiende deel van hun ontwerp, waar afwisselend gegeten, gelounged en geslapen kan worden, drie keer kan meetellen om te voldoen aan de minimum oppervlakte aan verblijfsruimte.

Het aannemelijk maken van gelijkwaardigheid is de verantwoordelijkheid van de indiener. Dat is overigens zelfs voor getrainde professionals, architecten, een behoorlijke opgave.

Tijdelijke of permanente vergunning

Weer andere winnaars vroegen om een tijdelijke in plaats van een permanente omgevingsvergunning. Bij aanvragen voor tijdelijke bouwwerken (maximaal vijftien jaar) wordt namelijk minder zwaar getoetst. Die toetsing houdt het niveau van 'bestaande bouw' aan. Met name de winnaars van de categorie tijdelijk maakten daar gebruik van.

EPC en isolatie

Alle huisjes moeten energiezuinig en milieuvriendelijk zijn. Ze worden daarom getoetst op de zogenaamde energieprestatie-coëfficiënt. Dit is een uitgebreide rekensom met variabelen als volumes, isolatie, deuren, ramen, verwarming, ventilatie, enzovoorts. De prestatie-eisen voor met

Equivalence

Another issue that the winners considered in detail was the so-called equivalence provision. This allows for the possibility of proposing a solution that differs from the requirements specified in the 2012 Buildings Decree. The solution should, however, offer the same level of safety, health, usability and energy efficiency as indicated in the performance requirements. For example, the designer of the Tiny-A house managed to demonstrate the safety of his 'miller staircase', which is much steeper than a normal stairs. The winners behind the Tiny Revolver House made a successful case that the rotating part of their design, used alternately for dining, lounging and sleeping, is counted three times to meet the minimum floor area for a living space.

It is the applicant's responsibility to demonstrate equivalence. That is a considerable task, however, even for seasoned professionals such as architects.

Temporary or permanent permit

Then there were other winners who sought a temporary rather than permanent environmental permit. Applications for temporary structures (maximum fifteen years) are subject to less stringent requirements. The test is similar in level to that applied to 'existing buildings'. The winners in the temporary category in particular made use of this option.

EPC and insulation

All houses have to be energy efficient and environmentally friendly. They are therefore assessed according to the so-called energy performance coefficient (EPC). This is an extensive calculation with variables such as volumes, insulation levels, doors, windows, heating, ventilation and so on. The performance requirements for the thermal

Pagina uit het Bouwbesluit
Page from the Buildings Decree

name de thermische isolatie van vloeren, muren en daken (de RC-waarde) kunnen bij kleine huisjes ruimtevreters zijn. De winnaars achter het huisje KODA bedachten een isolatiesysteem voor een betonnen buitenwand van slechts 6 cm dik.

Vergunningvrij

De zogenaamde 'bijbehorende bouwwerken' op het achtererf zijn in Nederland vrijgesteld van een omgevingsvergunning. Veel van de vergunningvrije bijbehorende bouwwerken zijn dus achter de voorgevel toegestaan. De deelnemers aan de BouwEXPO willen echter niet dat hun terrein 'dichtslibt' door een wildgroei aan vergunningvrije bouwsels. Zij koesteren de gedachte achter 'tiny' en prefereren groene erfafscheidingen. Om het karakter van de BouwEXPO voor de toekomst te behouden is daarom, in overleg met de deelnemers, de voorgevellijn rekkelijk ingetekend. Verrommeling of dichtslibben kun je ook voorkomen via erfpachtvoorwaarden of door de vestiging van een zakelijk recht, een zogenaamde erfdienstbaarheid of kwalitatieve verplichting, in de grondovereenkomst op te nemen.

insulation of floors, walls and roofs in particular (the RC value) can take up a lot of space in tiny houses. The winners behind the KODA house devised an insulation system for a concrete exterior wall just 6 cm thick.

Exemption from permits

So-called 'ancillary structures' on the site are exempt from an environmental permit in the Netherlands. Many such exempt ancillary structures are therefore permitted behind the front facade. However, the BouwEXPO participants do not want their site to become 'cluttered' with a proliferation of structures exempt from permits. They value the idea behind 'tiny' and prefer green boundaries between properties. To preserve the character of the BouwEXPO for the future, therefore, the line of the front facade has, in consultation with the participants, been drawn as a flexible line. Clutter or congestion on site can also be prevented by incorporating leasehold stipulations, a right in rem, a so-called right of way, or a qualitative legal requirement into the land lease agreement.

Naar verwachting is in 2021 de nieuwe Omgevingswet van kracht. Het Bouwbesluit gaat dan onder een andere naam verder. Een van de mogelijkheden is dat gemeenten dan voor specifieke gebieden de bruikbaarheidseisen terzijde kunnen schuiven.

The new Environmental Planning Act is expected to come into effect in 2021. The Building Decree will then continue under another name. One of the possibilities is that municipalities can then disregard the usability requirements for specific areas.

Pagina uit het Bouwbesluit
Page from the Buildings Decree

	gebruiksfunctie	ten minste aan te houden aantal personen per m² verblijfsgebied
	a voor bezoekers	0,125
	b andere celfunctie	0,05
4	Gezondheidszorgfunctie	
	a met bedgebied	0,125
	b andere gezondheidszorgfunctie	0,05
5	Industriefunctie	nvt
6	Kantoorfunctie	0,05
7	Logiesfunctie	0,05
8	Onderwijsfunctie	0,125
9	Sportfunctie	nvt
10	Winkelfunctie	nvt
11	Overige gebruiksfunctie	nvt
12	Bouwwerk geen gebouw zijnde	nvt

Artikel 1.3. Gelijkwaardigheidsbepaling

		Ontstaansbron				Inwerkingtreding		
Datum van inwerkingtreding	Terugwerkende kracht	Betreft	Ondertekening	Bekendmaking	Kamerstukken	Ondertekening	Bekendmaking	Opmerking
01-03-2013		Wijziging	11-02-2013	Stb. 2013, 75		11-02-2013	Stb. 2013, 75	
01-04-2012		Nieuwe-regeling	29-08-2011	Stb. 2011, 416		20-03-2012	Stb. 2012, 125	

1 Aan een in hoofdstuk 2 tot en met 7 gesteld voorschrift behoeft niet te worden voldaan indien het bouwwerk of het gebruik daarvan anders dan door toepassing van het desbetreffende voorschrift ten minste dezelfde mate van veiligheid, bescherming van de gezondheid, bruikbaarheid, energiezuinigheid en bescherming van het milieu biedt als is beoogd met de in die hoofdstukken gestelde voorschriften.

2 Een gelijkwaardige oplossing als bedoeld in het eerste lid wordt bij het gebruik van het bouwwerk in stand gehouden.

3 Een in het eerste lid bedoelde gelijkwaardige oplossing voor een aansluiting op het distributienet voor warmte als bedoeld in artikel 6.10, derde lid, heeft ten minste dezelfde mate van energiezuinigheid en bescherming van het milieu als wordt bereikt met de in het warmteplan voor die aansluiting opgenomen mate van energiezuinigheid en bescherming van het milieu.

Artikel 1.4. Gemeenschappelijk en gezamenlijk

		Ontstaansbron				Inwerkingtreding		
Datum van inwerkingtreding	Terugwerkende kracht	Betreft	Ondertekening	Bekendmaking	Kamerstukken	Ondertekening	Bekendmaking	Opmerking
01-04-2012		Nieuwe-regeling	29-08-2011	Stb. 2011, 416		20-03-2012	Stb. 2012, p25	

1 Voor de toepassing van voorschriften gesteld bij of krachtens dit besluit is een bouwwerk, een ruimte, een voorziening, of een gedeelte daarvan naar keuze een gemeenschappelijk of niet-gemeenschappelijk, tenzij anders is bepaald.

2 Voor de toepassing van voorschriften gesteld bij of krachtens dit besluit wordt een gedeelte van een bouwwerk, een ruimte of een voorziening die ten dienste staat van meer dan een gebruiksfunctie, aangemerkt als gemeenschappelijk. Een zodanig gedeelte, een zodanige ruimte of een zodanige voorziening maakt, met uitzondering van een nevenfunctie, voor de toepassing van dit besluit deel uit van alle daarop aangewezen gebruiksfuncties.

3 Voor de toepassing van voorschriften gesteld bij of krachtens dit besluit wordt een gedeelte van een woonfunctie, een celfunctie of een logiesfunctie of een ruimte of voorziening die ten dienste staat van die gebruiksfunctie, gebruikt door meer dan een wooneenheid, cel of logiesverblijf in die gebruiksfunctie, aangemerkt als gezamenlijk.

§ 1.2. Toepassing normen en certificatie- en inspectieschema's

		Ontstaansbron				Inwerkingtreding		
Datum van inwerkingtreding	Terugwerkende kracht	Betreft	Ondertekening	Bekendmaking	Kamerstukken	Ondertekening	Bekendmaking	Opmerking
01-04-2012		Nieuwe-regeling	29-08-2011	Stb. 2011, 416		20-03-2012	Stb. 2012, 125	

Minimale maten van een woning in geval er gebouwd wordt voor de markt (≠PO) en in geval van particulier opdrachtgeverschap (=PO).

Minimum dimensions of a house if built for the market (≠PO) or privately commissioned (=PO).

VG = verblijfsgebied / VR = verblijfsruimte
VG = living area / VR = living space

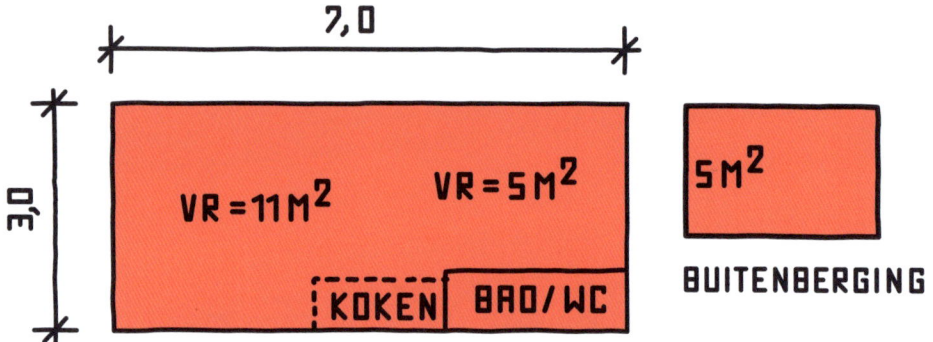

VG 18 m² + bad / wc 2,2 m² + buitenberging 5 m² of balkon 4 m² of gemeenschappelijke berging 1,5 m² bij een woning < 50 m²
VG 18 m² + bad / wc 2,2 m² + external storage 5 m², or balcony 4 m², or shared storage of 1.5 m² for a house < 50 m²

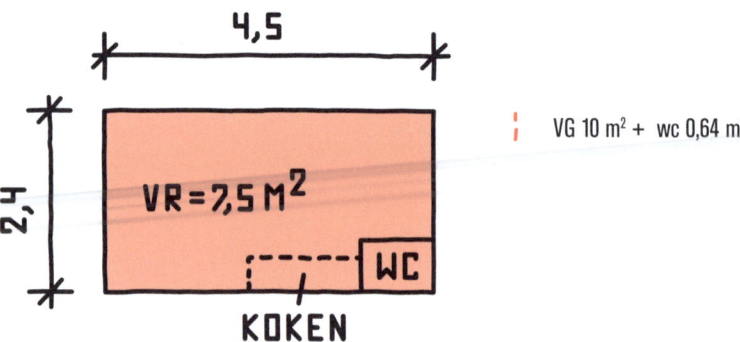

VG 10 m² + wc 0,64 m²

Aan de slag / Down to work

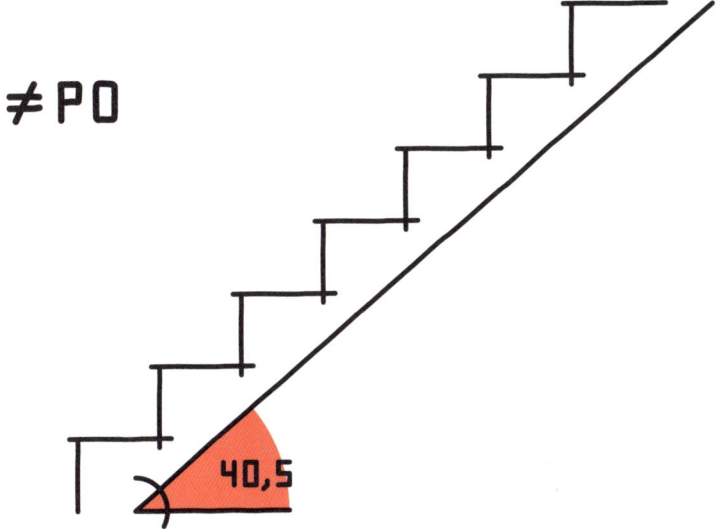

≠ PO

40,5

! Ook voor de trap gelden minimummaten.
  Minimum dimensions also apply to the stairs.

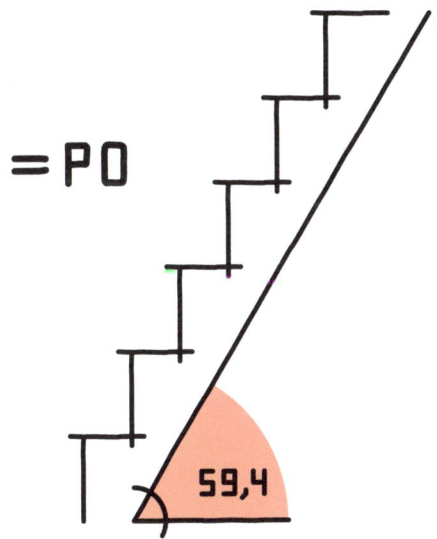

= PO

59,4

ADRES

ADDRESS

Voor het bouwen van een nieuwe woning is een omgevingsvergunning nodig. Om van de gemeente een omgevingsvergunning te krijgen, moet het huis onder meer voldoen aan het bestemmingsplan en de eisen van het Bouwbesluit. Een huisje met enkel glas en zonder isolatie voldoet hier bijvoorbeeld niet aan. Een huisje op een plek met bestemming 'bos' maakt weinig kans. Ook is voor de omgevingsvergunning een ingetekend perceel nodig, met coördinaten. Nauwkeurig tot op centimeters.

Zodra de gemeente de omgevingsvergunning verleent, registreert de overheid onder andere gebruiksoppervlakte, gebruiksdoel, bouwjaar en de precieze ligging van het pand in de Basisregistratie Adressen en Gebouwen (BAG). De nieuwe woning krijgt daarmee een eigen adres. Dat is nodig om je te kunnen inschrijven bij Burgerzaken. Maar het is ook handig voor het aanvragen van een paspoort, toeslagen, aansluitingen op elektra, water, energie en het betalen van belastingen. De BouwEXPO kende een reguliere kaveluitgifte. Alle huisjes hebben een eigen kavel en een eigen adres.

Je kunt ook verblijven in een bouwwerk dat volgens de BAG 'naar aard en constructie als geheel verplaatsbaar is', zoals een stacaravan of een tiny house. De gemeente moet daarvoor speciale terreinen in het bestemmingsplan aanwijzen, zogenaamde standplaatsen. Deze standplaatsen hebben een eigen adres.

Building a new house requires an environmental permit. To receive an environmental permit from the municipality, a house must comply with the local authority development plan and the requirements of the Buildings Decree. For example, a house with single glazing and without insulation does not comply. A house on a site earmarked as 'forest' has little chance. Also, an environmental permit requires a site marked very precisely on the map with coordinates, down to the centimetre.

As soon as a municipality issues the environmental permit, the government registers the usable surface area, intended use, year of construction, and exact position of the building in the Register of Addresses and Buildings (BAG). The new house is thus given an address of its own. An individual needs that to register with the Department of Civil Affairs. But it is also useful when applying for a passport, benefit allowances or utility connections, or paying taxes. The BouwEXPO plots were issued and registered according to standard procedures. All houses have their own legally defined property plot and their own address.

You can also live in a structure that, according to the BAG, is 'in its nature and construction fully moveable', such as a mobile home or a tiny house. In its development plan, a municipality can earmark special locations, called pitches, for this purpose. These pitches have their own address.

Aan de slag / Down to work

BINNEN EEN WEEK STOND ER EEN MINIDORP

A MINI-VILLAGE APPEARED WITHIN A WEEK

De winnaars met de tijdelijke huisjes arriveerden als eersten. Deze huisjes werden in fabriekjes en werkplaatsen gebouwd. De huisjes bereikten het terrein in een rap tempo. Het kartonnen Wikkelhouse werd als eerste vergund en werd op 16 juni 2017 geplaatst. Tiny TIM, niet afhankelijk van aansluiting op nutsvoorzieningen en riool, kon overal worden geplaatst. KODA stond kant-en-klaar in Estland en werd binnen een week over water en land vervoerd naar Almere. Snuk arriveerde achterop de vrachtauto. Binnen een week stond er een minidorp. De nutsbedrijven die de aansluitingen op water, elektra en energie moesten verzorgen, hielden dit tempo niet bij.
De volgende huisjes die verschenen waren semi-prefab. Tiny-A, Slim Fit en Wonen Royaal bestaan uit geprefabriceerde elementen die relatief eenvoudig waren te plaatsen en te stapelen. Hun afwerking in het veld duurde enkele weken tot enkele maanden. Tiny Towers was met zijn betonnen fundering, dragende wanden van kalkzandsteen en de ter plaatse gemetselde gevels een meer traditioneel gebouwd plan.

The winners with temporary houses arrived first. These houses were constructed in factories and workshops. They arrived on site in no time. The cardboard Wikkelhouse was the first to be issued a building permit and was positioned on 16 June 2017. Tiny TIM, not dependent on connections to utilities or the sewer system, could be placed anywhere. KODA stood ready in Estonia and was transported over water and land to Almere within a week. Snuk arrived on a truck. And so, a mini-village appeared within a week. The utility companies that had to connect the houses to the water, electricity and energy networks couldn't keep up the pace.
The next houses that appeared were partly prefabricated. Tiny-A, Slim Fit and Wonen Royaal were made of prefabricated elements that were relatively simple to position and stack on top of one another. The finishing on site took from a few weeks to a few months. Tiny Towers was a more traditionally built house, with concrete foundations, loadbearing walls of sand-lime brick and masonry walls.

Kavelindeling noordelijk deel BouwEXPO-terrein.
Plot arrangement of northern part of the BouwExpo site.

Aan de slag / Down to work

Tiny Tim, Wikkelhouse en KODA arriveerden in het voorjaar van 2017.
Tiny TIM, Wikkelhouse and KODA arrived in spring 2017.

Aan de slag / Down to work

'Klein wonen is de nieuwe luxe: het is praktisch, duurzaam en betaalbaar.'

'Tiny Housing is the new luxury: it is practical, sustainable and affordable.'

Hans Tijl, Directeur Geo en Bijzondere Projecten Ministerie BZK en lid begeleidingscommissie van het Woningbouwatelier
Director Geo and Special Projects, Ministry of the Interior and Kingdom Relations; and member of the Housing Atelier advisory committee

DE HUISJES
THE HOUSES

DE WINNAARS

THE WINNERS

Linker pagina v.l.n.r. / Left page, from left to right:
Bas de Haan, Guus Peters, Geurt Holdijk, Han Slawik,
Ewoud Netten, Nanne Verbruggen, Mustafa Anbar,
Leo Harders, Oep Schilling, Daan Bakker, Ana Rocha,
(Ülar Mark, Jurgen van der Ploeg & Hans Peter
Föllmi ontbreken op de foto / missing from the photo).

Slim Fit · Ana Rocha

SLIM FIT OM STADCENTRA TE VERDICHTEN

SLIM FIT TO INCREASE DENSITY IN CITY CENTRES

Project information

Client: Elements Interactive, Almere
Winner: ANA ROCHA architecture
Contractor and interior construction: Goedhart Bouw, Almere
Engineer: ATKO advies en engineering, Rotterdam; Meijer & Joustra, Heerenveen
Construction period: 2 months
Gross floor area: 50 m^2
BouwEXPO site: 97 m^2

Slim Fit · Ana Rocha

Architecte Ana Rocha deed al langere tijd onderzoek naar binnenstedelijk klein wonen en verbaasde zich over de hoeveelheid parkeerterreinen in stadscentra. Zonde volgens de ontwerpster, hier zou ook gewoond kunnen worden. 'Dus ik dacht: kan ik geen kleine én volwaardige woning ontwerpen die makkelijk in te passen is in bestaande bebouwing?'

Architect Ana Rocha had been researching small homes in city centres for some time and was surprised by the amount of parking space in city entres. A pity, in her opinion, since that space could be used for homes. 'So I wondered: can I design a small and complete home that could easy fit between existing buildings?'

Zo werd de kaarsachtige Slim Fit geboren: 50 m² bruto vloeroppervlakte verdeeld over drie verdiepingen met een voetprint kleiner dan twee parkeerplaatsen. Ze wilde zelf graag kleiner wonen en had drie heldere eisen: nieuwbouw, milieuvriendelijk en hartje stad. 'Dit kon ik in Den Haag nergens vinden', vertelt Ana Rocha. 'Kleine woningen zijn er natuurlijk wel, maar deze zijn vaak bedoeld voor studenten, starters of ouderen. Klein wonen lijkt nog steeds inherent te zijn aan leeftijd of portemonnee. Ook staan deze kleine woningen vaak aan de rand van de stad. Hier wilde ik verandering in brengen. Dus besloot ik een compacte, volwaardige en duurzame woning te ontwerpen.' Zo gezegd, zo gedaan. De eerste Slim Fit staat op de BouwEXPO en werd in 2018 bekroond met de prestigieuze Dutch Design Award (DDA) in de categorie Habitat. Rocha

And thus the candle-like Slim Fit was born: 50-m² gross floor area on three floors with a footprint smaller than two parking spaces. She herself also wanted to downsize and had three wishes: new-build, environmentally friendly and city centre. 'I couldn't find that anywhere in The Hague,' explains Ana Rocha. 'There are small houses of course, but they are often intended for students, starters or seniors. Small homes still seem to be a matter of age or financial means. Moreover, small homes are often located on the edge of the city. I wanted to offer an alternative. So I decided to design a compact, complete and sustainable house.' No sooner said than done. The first Slim Fit is located at BouwEXPO, and in 2018 it won the prestigious Dutch Design Award in the Habitat category. Rocha wanted to develop a house with the smallest possible

Slim Fit heeft drie verdiepingen en past op twee parkeerplaatsen.

Slim Fit has three floors and fits on two parking places.

wilde een woning ontwikkelen met een zo'n klein mogelijke voetafdruk. Twee parkeerplaatsen, 25 m², was een mooi uitgangspunt. Uiteindelijk is Slim Fit zelfs nog kleiner geworden: het huisje heeft een voetprint van slechts 4,07 meter bij 4,07 meter. 'Ik wilde een compacte woning ontwerpen waar wel een standaardformaat keuken en een normale bank in past. Ik moest dus wel de hoogte in, gelijkvloers was dit niet mogelijk geweest.' Slim Fit heeft drie woonlagen, alle drie met een eigen woonfunctie. Op de begane grond vind je de keuken, op de eerste verdieping de woonkamer en op de tweede verdieping de slaap- en badkamer.

Hout

Wat meteen opvalt bij het betreden van Slim Fit zijn de ruimtelijkheid en het gebruik van hout. Rocha: 'In een compact huis wil je rust creëren. Daarom besloot ik met slechts één soort materiaal te werken: hout.

footprint. Two parking places, 25 m², was a good point of departure. In the end, Slim Fit is even smaller: the house has a footprint of just 4.07 by 4.07 metres. 'I wanted to design a compact house which could contain a standard kitchen and a normal sofa. So I had to build high, because one level wasn't enough.' Slim Fit has three floors, each with a function of its own. On the ground floor is the kitchen, on the first floor the living room, and on the second floor the bedroom and bathroom.

Wood

What strikes you immediately upon entering Slim Fit is the spaciousness and use of wood. Rocha: 'You need to create a sense of calm inside a compact house. That's why I decided to work with just one material. To do that, I wanted to have normal floor heights and plenty of light. The Slim Fit prototype at BouwEXPO therefore has lots

Slim Fit · Ana Rocha

Daarnaast is ruimtelijkheid in een klein huis essentieel. Om dat te creëren streefde ik naar normale verdiepingshoogtes en veel licht. Het prototype van Slim Fit op de BouwEXPO heeft daarom veel ramen. Zo geven glazen schuifdeuren op de begane grond toegang tot de tuin en heeft de eerste verdieping zelfs een verdiepingshoog raam voor maximale lichtinval.' Het gebruik van hout voor zowel de constructie als de binnen- en buitenwandafwerking was een logische keuze: 'Hout is slank. Ideaal dus voor een compacte woning. Als de wanden twee centimeter dikker waren geweest, had de trap niet in het huis gepast. Een trap moet voldoen aan allerlei veiligheidseisen die gesteld worden in het Bouwbesluit en neemt daardoor relatief veel ruimte in. De trap is daardoor bepalend geweest voor de afmetingen van Slim Fit.' De houten trap is geïntegreerd in een boekenkast. De binnenwanden zijn afgewerkt met construc-

of windows. For example, glass sliding doors open to the garden and the first floor even has a full-height window for maximum light incidence.' The use of wood for both the structure and finishing inside and outside was a logical choice: 'Wood is thin, so it's ideal for a compact house. If the walls were two centimetres thicker, the stairs wouldn't have fit. A flight of stairs has to meet all sorts of safety requirements specified by the Dutch Buildings Decree, and it occupies a relatively large area because of that. As a result, the stairs determine the dimensions of Slim Fit.' Here, the stairs are integrated with a bookcase. The interior walls are finished with structural wood. 'These not only align with the identity of the house but also comply with the requirements of stability and fire protection. The facade is finished in sustainable Ayous, a type of wood that gradually turns grey and does not need to be treated.'

Slim Fit · Ana Rocha

Klein wonen hoeft niet te betekenen dat je afscheid moet nemen van alles wat je bezit!

Tiny houses do not mean discarding all your possessions!

tiehout. 'Deze passen niet alleen goed bij de identiteit van het huisje, maar voldoen ook aan de eisen van stabiliteit en brandwerendheid. De gevel is met duurzaam Ayous hout afgewerkt, een houtsoort die langzaam vergrijst en geen behandeling nodig heeft.'

Van schetsontwerp tot realisatie

Er is weinig veranderd aan het ontwerp dat Ana Rocha instuurde. 'Ik wilde aanvankelijk het hele huis in hout realiseren, maar vanwege de windbelasting is het houten skelet met staalprofielen versterkt. Vanwege de kleigrond is Slim Fit met elf meter diepe stalen buizen gefundeerd.' Het huisje bestaat uit drie geprefabriceerde houten volumes die overeenkomen met de drie verdiepingen. Deze constructie kan in een dag in elkaar gezet worden. Het interieur en de afwerking nemen wat meer tijd in beslag. Het allerliefst zou Ana Rocha Slim Fit midden in een stad als Den Haag of Amsterdam zien. Volgens de architecte zijn er meer permanente kleine woningen nodig in de Nederlandse binnensteden. Met dit doel voor ogen is Slim Fit ontworpen. De woning is niet bedoeld als tijdelijk of verrijdbaar, maar als volwaardig huis dat een mentaliteitsverandering stimuleert: klein wonen kan ook bijzonder en ruimtelijk zijn. Klein wonen wordt vaak geassocieerd met een groep die beperkte financiële mogelijkheden heeft. Maar er zijn ook mensen die er bewust voor kiezen om klein te wonen, alhoewel zij meer financiële draagkracht hebben. Denk aan de groep alleenstaanden of tweeverdieners zonder kinderen die liever compact in de binnenstad woont in plaats van in een groot huis aan de rand van de stad. Het huisje is daarom zo ontworpen dat het gemakkelijk aan bestaande bebouwing geschakeld kan worden. In

From sketch design to completion

The design submitted by Ana Roche hasn't changed much. 'Initially I wanted to build the whole house out of wood, but because of the wind load the wooden frame was strengthened with steel profiles. Because of the clay soil, Slim Fit is supported by 11-metre-deep steel pipes.' The house consists of three prefabricated wooden volumes that correspond with the three floors. This structure can be put together in a day. The interior and finishing take more time. Ana Rocha would ideally like to place Slim Fit in the centre of The Hague or Amsterdam. According to the architect, many more permanent small homes are needed in city centres in the Netherlands. Slim Fit is designed with this in mind. The house is not meant to be temporary or mobile, but as a fully-fledged house that encourages a change of mentality: small homes can be special and spacious. Tiny housing is often associated with people of limited financial means. But there are also people who deliberately choose for a tiny house even though they have more financial resources. Think of singles or double-income couples without children who prefer a compact home in the city centre to a big house on the edge of the city. That's why the house is designed in such a way that it can be easily connected to existing development. Slim Fit in Almere is a freestanding house with windows on all four sides. But windows on just one or two sides would admit enough light. Slim Fit is intended to increase density in city centres.

Fully-fledged house

Owing to environmental considerations, the architect wanted to keep the actual footprint as small as possible. Slim Fit takes up almost no space. Moreover, the house is extremely well insulated. And because it

Slim Fit · Ana Rocha

Almere staat Slim Fit vrijstaand met ramen in alle vier de gevels. Met een of twee gevels met ramen valt er alsnog genoeg licht het huis binnen. Slim Fit is bedoeld om stadscentra te verdichten.

Volwaardige woning

De architecte wilde de letterlijke voetprint vanuit milieuoverwegingen zo klein mogelijk houden. Slim Fit neemt bijna geen plek in. Bovendien is het huisje zeer goed geïsoleerd. Omdat de woning veel glas bevat, en zichzelf praktisch opwarmt, zijn er allerlei systemen geïntegreerd om de kleine ruimtes niet te warm te laten worden. De positionering van kleinere draaikiepramen tegenover elkaar zorgen voor natuurlijke ventilatie en verkoeling en het dak is afgewerkt met een warmtewerend folie. De grote glasoppervlaktes zijn naar de zon gericht, zodat bij koudere temperaturen de ruimtes op een natuurlijke manier door de zon verwarmd kunnen worden. De schuifpanelen bij de trap voorkomen tocht en warmteverlies. Slim Fit is (nog) geen contains so much glass, which warms the interior automatically, all sorts of systems are integrated to ensure that the small spaces don't get too warm. Positioning the small tilt-and-turn windows opposite each other ensures natural ventilation and cooling, and the roof is finished with a heat-insulating sheet. The large expanses of glass are oriented towards the sun so that the spaces can warm naturally when outdoor temperatures are low. The sliding panels at the stairs prevent draughts and heat loss. Slim Fit is not a zero-energy house (at least not yet) and has no solar panels. The roof area is too small for them, but solar panels in the garden are possible. What does the future look like for Slim Fit? Rocha: 'I'm still exploring how best to market Slim Fit. Probably the most interesting way would be to team up with imaginative property developers or housing associations. Many of the construction costs for this tiny house, such as the toilet and bathroom, are the same as they are for larger houses. A serial production system could lower the costs.'

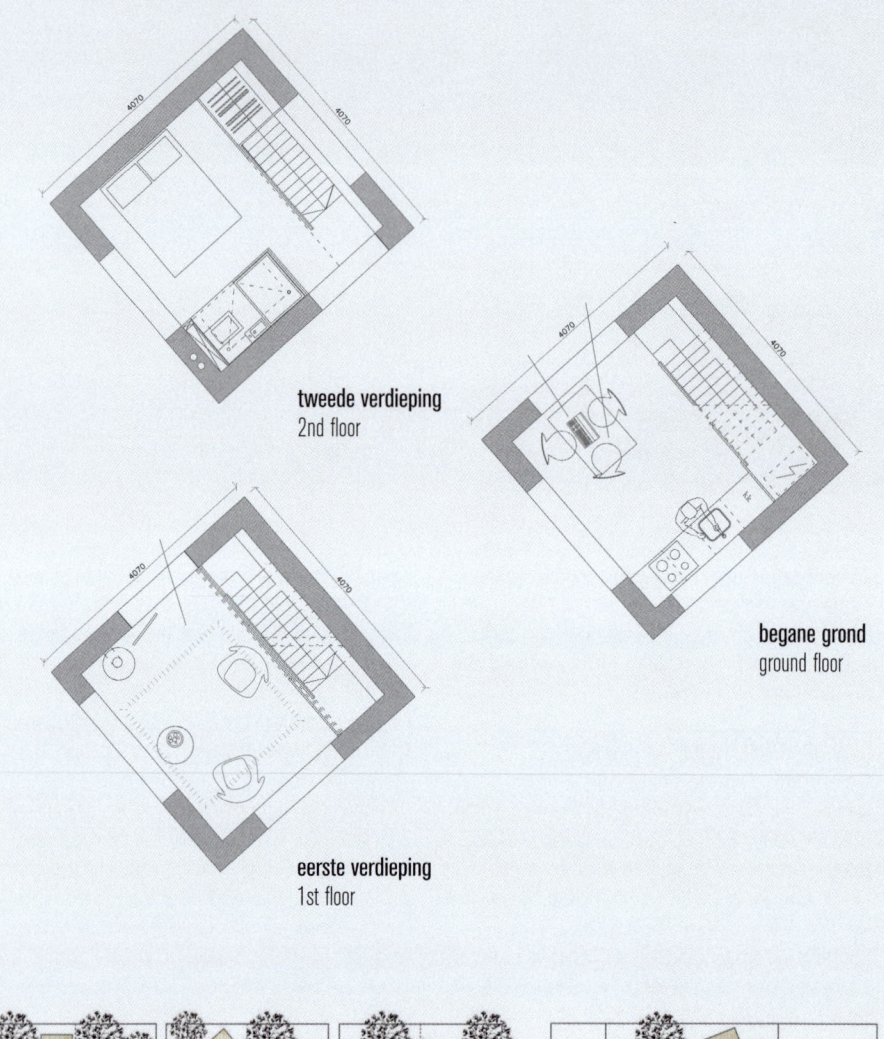

tweede verdieping
2nd floor

begane grond
ground floor

eerste verdieping
1st floor

vrijstaand of geschakeld of als aanvullend gebouw / freestanding or terraced or as an additional building

Slim Fit · Ana Rocha

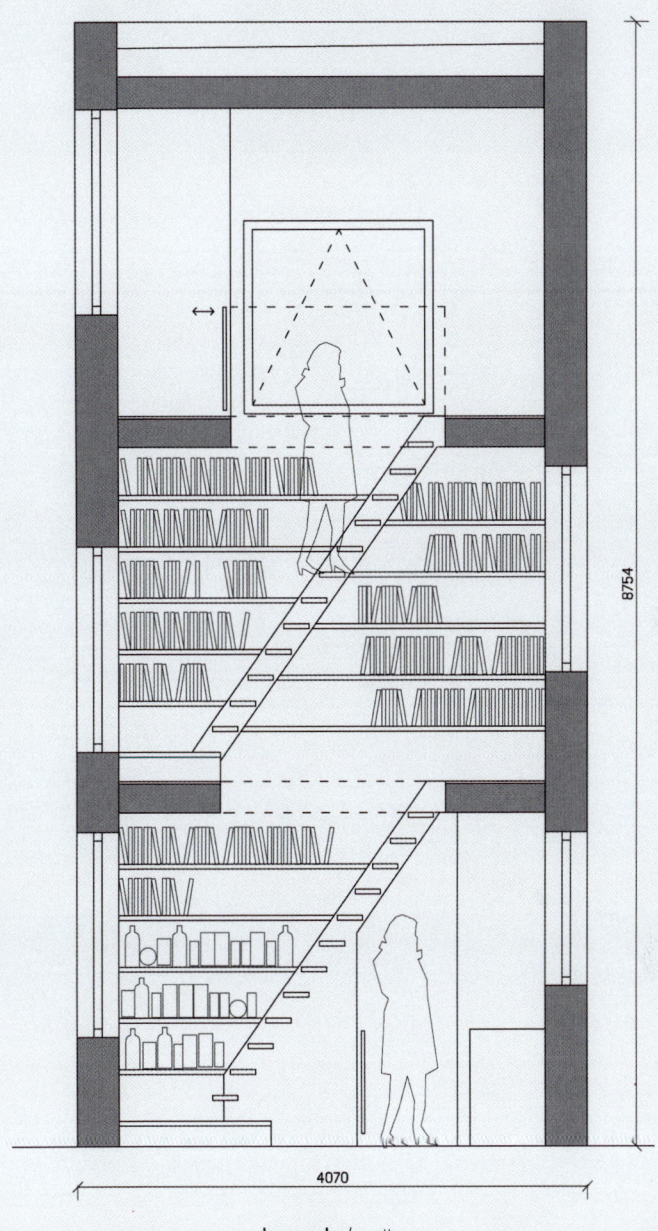

doorsnede / section

prijsvraaginzending
competition submission

Jury:

'Dit plan spreekt aan tussen de inzendingen met kleine volumes en torentjes. Het huis is klein, fijn en heeft een goede plattegrond.'

Jury: 'This project stands out among the entries with small volumes and towers. The house is small and fine, and has a good floor plan.'

Slim Fit · Ana Rocha

nul-op-de meter woning en heeft ook geen zonnepanelen. Daar is het dakoppervlak te klein voor, maar zonnepanelen in de tuin kan natuurlijk wel. Hoe ziet de toekomst eruit voor Slim Fit? Rocha: 'Ik ben nog aan het onderzoeken hoe ik Slim Fit het beste in de markt kan zetten. Het is waarschijnlijk het meest interessant om uiteindelijk in zee te gaan met visionaire projectontwikkelaars of corporaties. Veel van de bouwkosten van deze kleine woning, zoals toilet en badkamer, zijn gelijk aan de kosten voor grotere woningen. Door een seriematig bouwsysteem zouden de kosten lager kunnen worden.'

Opdrachtgever Elements Interactive was op zoek naar passende woonplekken voor zijn expats. Het bedrijf, gespecialiseerd in het ontwerp en de ontwikkeling van apps voor het web en mobiele apparaten, werkt vanuit Almere en Barcelona met teams van meer dan twintig verschillende nationaliteiten. Elements zocht een oplossing voor een 'zachte landing' van naar Nederland verhuizende medewerkers, zodat zij een goede start kunnen maken in een fijne buurt en in een aantrekkelijke woning. In eerste instantie werd het winnende ontwerp Slim Fit van architecte Ana Rocha aangekocht. Toen Daan Bakker zijn Tiny-A had opgeleverd, heeft Elements besloten om ook dit aangrenzende huisje te kopen voor zijn internationale medewerkers. Beide huisjes worden bewoond door mensen van heinde en verre. Zij kunnen nu in een echt huisje starten.

The client Elements Interactive, was looking for suitable housing sites for its expats. The firm, specializing in the design of apps for internet and mobile devices, works from Almere and Barcelona with team of more than twenty nationalities. Elements sought a way to create a 'soft landing' for employees relocating to the Netherlands, so that they can get off to a good start in a fine neighbourhood and an attractive house. Initially, the firm bought the winning Slim Fit design by architect Ana Rocha. When Daan Bakker had built his Tiny-A, Elements decided to buy this neighbouring house for its international employees as well. Both homes are now occupied by people from far afield. They can now start off in a real house.

Tiny-A · Daf-architecten

WONEN ONDER EEN 7,5 METER HOOG DAK

LIVING UNDER A 7.5-METRE-TALL ROOF

Project information

Winner/client: Daan Bakker, DaF-architecten
Contractors: Goedhart Bouw, Almere; Tuska interieurbouw, Nijmegen
Engineering: Atko advies en engineering, Rotterdam
Wooden roof sheets and facades: Unilin, Oisterwijk
Facades: Houtverwerkingsindustrie Fransen, Deurne
Frames: Timmerfabriek Hardeman, Lunteren
Sponsoring: Unilin, Quooker, KiesZon, Mosa, Velux, Hamwells, Zehnder, De Hoop Pekso, Jowi therm and Artigo
Construction period: 2 months
Gross floor area: 50 m^2
BouwEXPO site: 107 m^2

Tiny-A · DaF-architecten

'Wat is een huis? Wat heb je nodig om te wonen? Een dak boven je hoofd, dat is eigenlijk het belangrijkste. Tiny A is precies dat, een dak – het goedkoopste bouwelement dat er is – verankerd aan een drijvende schuimbetonnen funderingsplaat.' Zo luidde de tekst van de prijsvraaginzending.

'What is a house? What do you need to live in? A roof over your head is what matters most. Tiny-A is exactly that: a roof – the cheapest building component there is – anchored to a floating foam concrete foundation slab.' That's according to the competition submission.

Tiny-A is een opvallende verschijning met haar 7,5 meter hoge puntdak, dé bepalende factor voor de afmetingen van deze energieleverende woning. 'Het is nog een hele kunst om een klein huisje aantrekkelijk te maken. Je wilt graag een gevoel van ruimte in je huis ervaren terwijl het feitelijk klein is,' aldus Bakker. In Tiny-A is het gelukt. Dankzij het hoge plafond dat doorloopt tot in de nok en door de enorme glazen pui aan de voorzijde.

De grootste uitdaging bij het bouwen van kleine woningen zijn voor Bakker de kosten. Dus besloot hij bij zijn prijsvraagontwerp het goedkoopste bouwelement – het dak – centraal te stellen. Na het winnen van de prijsvraag heeft hij het langste beschikbare dakelement in Nederland besteld. Deze was in een paar uur geplaatst en heeft de hoogte van de Tiny-A bepaald. De ene zijde van het dak is bedekt met vijftien zonnepanelen en de andere is bedoeld voor begroeiing.

Tiny-A is a striking sight with its 7.5-metre-tall pitched roof, the decisive factor for the dimensions of this energy-generating house. 'There's a real art to making a tiny house attractive. You want a sense of space in your house, even though it's actually small,' says Bakker. Tiny-A proves it's possible. That's thanks to the tall ceiling that extends all the way up to the ridge and to the huge glass front. According to Bakker, the biggest challenge in constructing small houses is cost. So for his competition design he chose to focus on the cheapest building element: the roof. After winning the competition, he ordered the longest available roof element in the country. This took just a few hours to erect and it dictated the height of Tiny-A. One side of the roof is covered with fifteen solar panels and the other will be covered in plants.

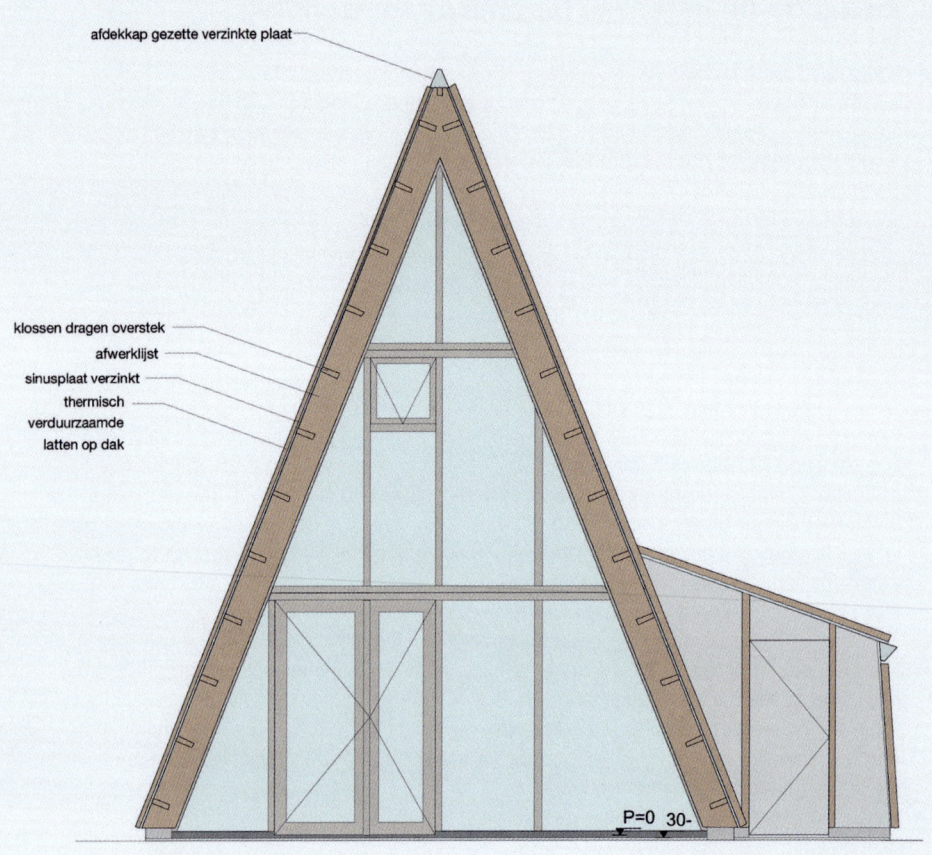

voorgevel tuinkant
front facade to garden

Tiny-A · DaF-architecten

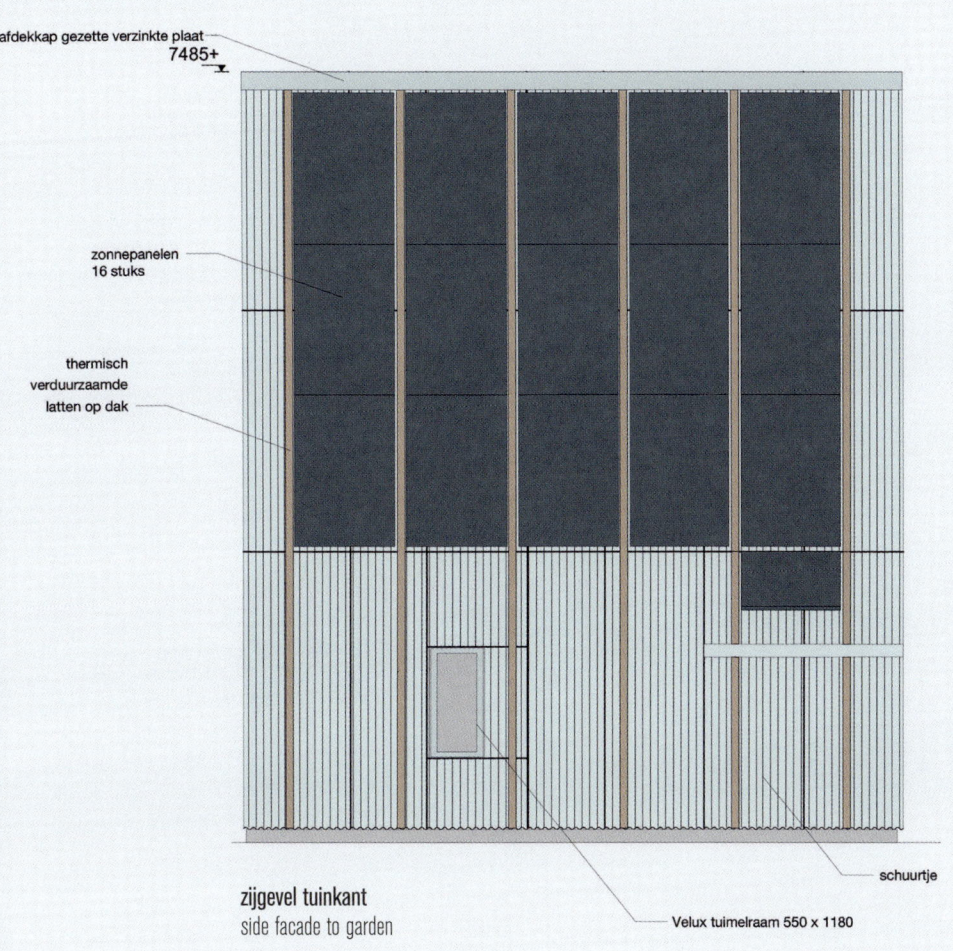

afdekkap gezette verzinkte plaat
7485+

zonnepanelen
16 stuks

thermisch
verduurzaamde
latten op dak

zijgevel tuinkant
side facade to garden

Velux tuimelraam 550 x 1180

schuurtje

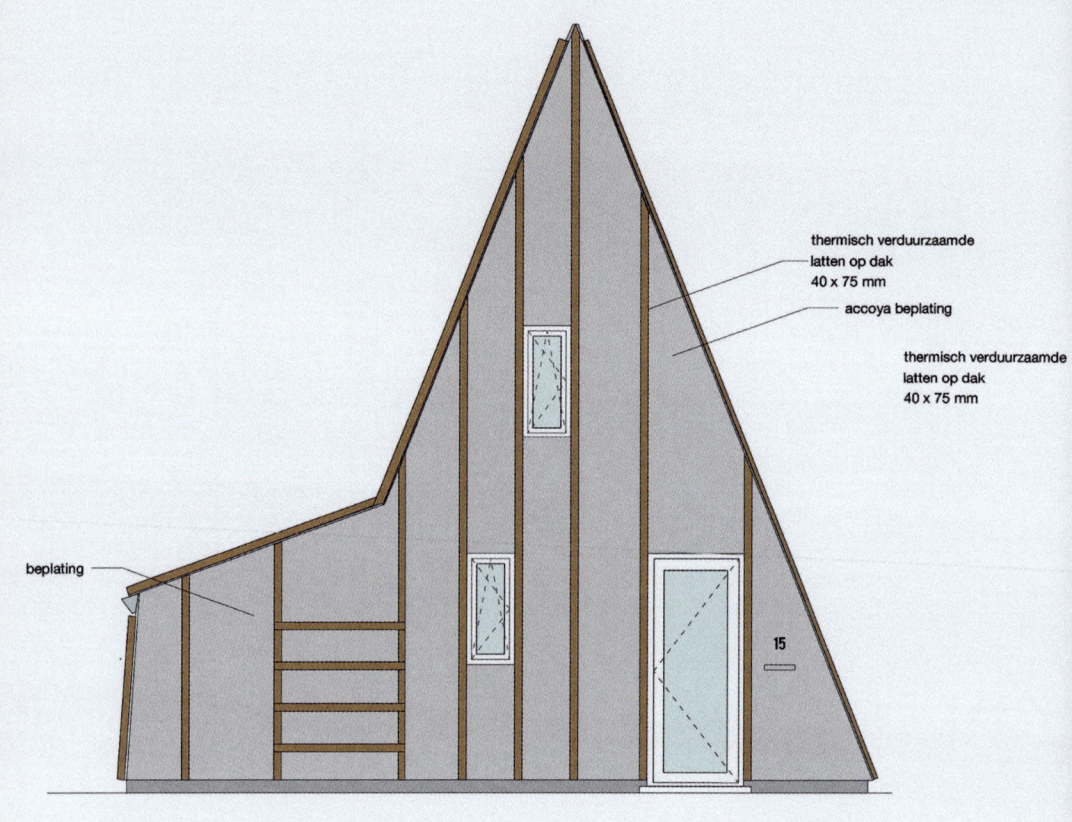

Tiny-A · DaF-architecten

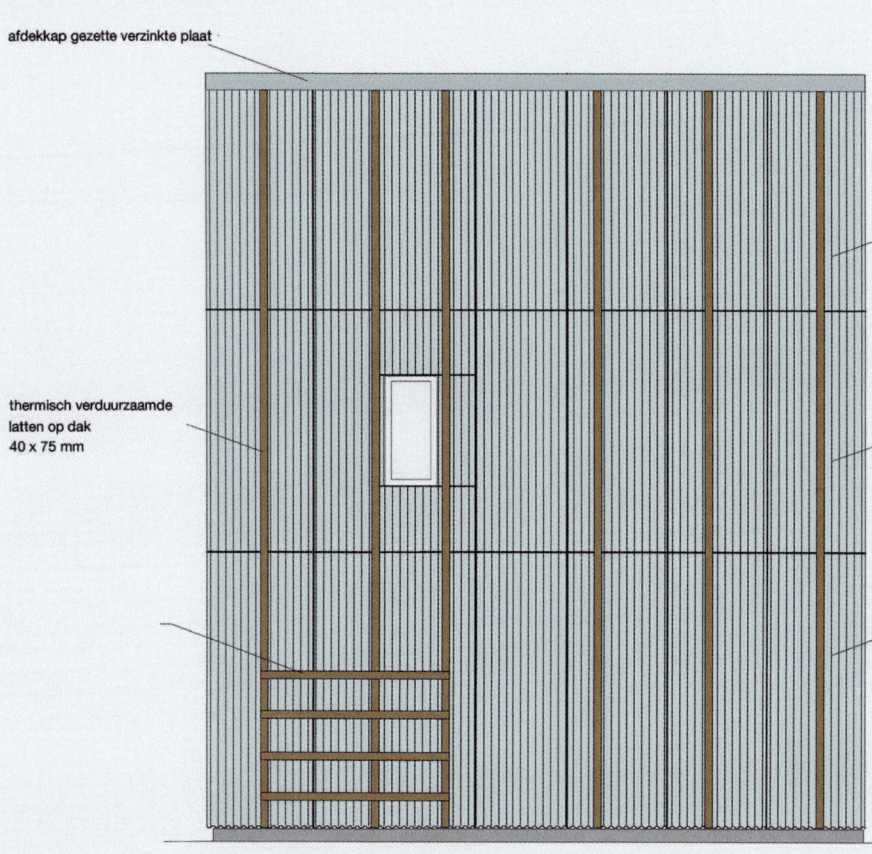

zijgevel tuinkant
side facade to garden

Het interieur bestaat uit een groot meubel met keuken, badkamer, trap en kastwand.
The interior consists of a large unit that combines kitchen, bathroom, stairs and storage wall.

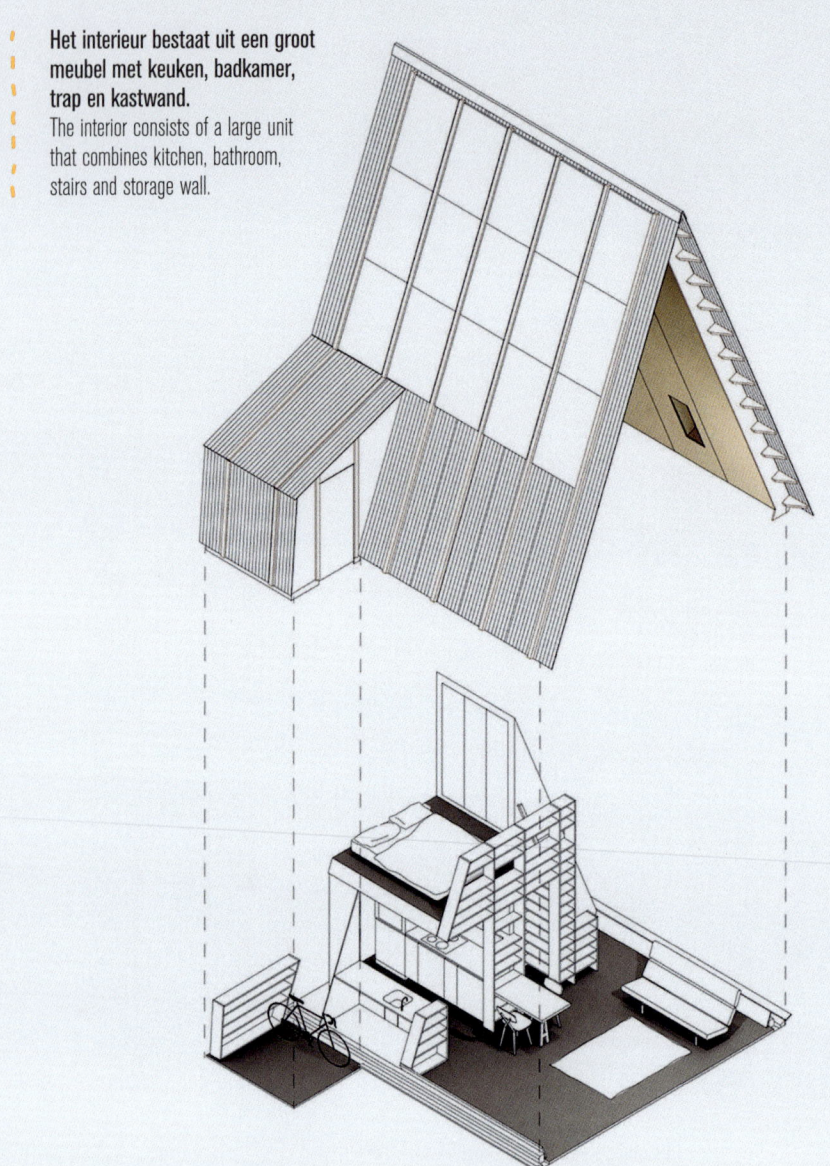

Bouwpakket voor zelfbouwers.

Construction kit for home builders.

Tiny-A · DaF-architecten

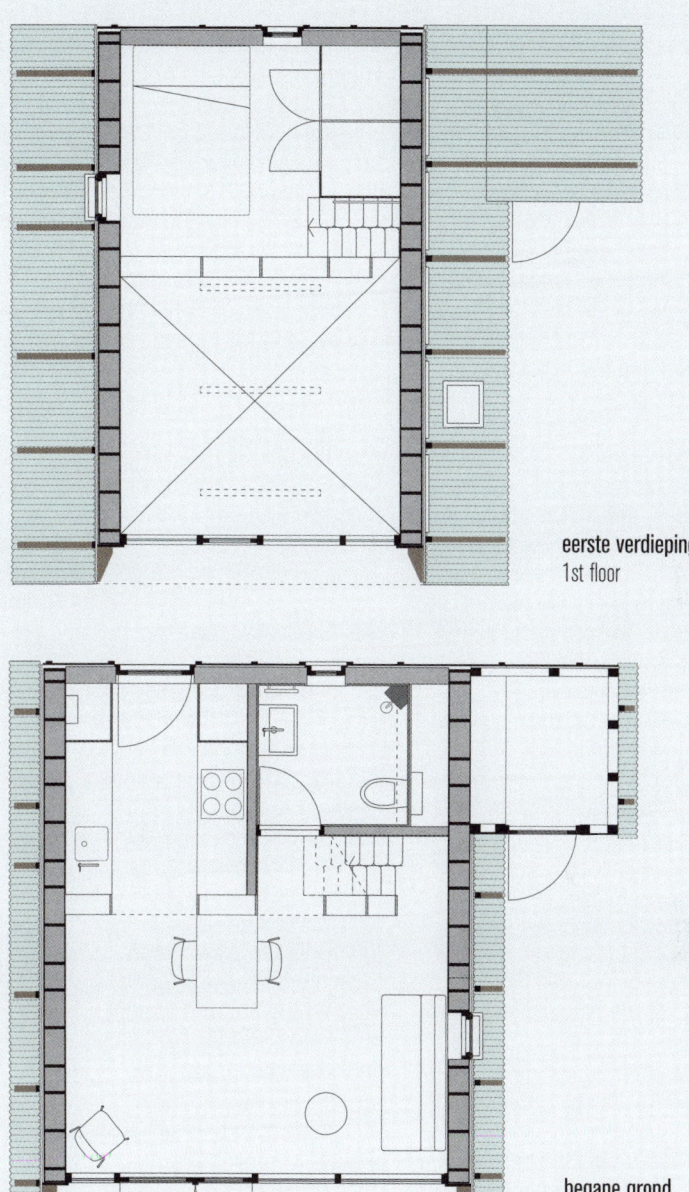

eerste verdieping
1st floor

begane grond
ground floor

Tiny-A heeft een bruto woonoppervlakte van 50 m². Hiervan is 40 m² begane grond met keuken, sanitair, woonkamer en berging. Daarnaast is er een vide met slaapruimte van 10 m². Bakker koos heel bewust voor een vide, en niet voor een voltallige verdieping, om lichtinval en plafondhoogte te maximaliseren. Omdat het uiterlijk van de panelen de sfeer van het huis bepaalt, wilde de ontwerper een triplex afwerking in plaats van wit geplastificeerde spaanplaat zoals je veel op zolders ziet. Dit triplex is vervolgens gezeept, zodat de wanden vuilafstotend zijn. De buitenzijde is duurzaam bekleed met thermisch behandeld Nederlands hout.

Molenaarstrap

Om ruimte te winnen was in het prijsvraagidee al een molenaarstrap getekend, met afwisselend een trede links en een trede rechts, waar je telkens maar één voet op zet. Daardoor kun je de trap veel steiler maken. Om dit daadwerkelijk te kunnen realiseren moest in de wetgeving – het Bouwbesluit – worden gedoken. 'De Nederlandse Woningwet uit 1901 is ontzettend belangrijk geweest voor het creëren van een gezondere en veiligere leef- en woonomgeving. Maar in de loop der tijd kwamen er telkens weer nieuwe bepalingen bij. Zo schrijft de wet steeds luiere trappen voor, maar die vreten ruimte. In het Bouwbesluit is echter ook opgenomen dat als een gelijkwaardige oplossing aangetoond kan worden, deze ook mogelijk moet zijn. Ik heb daar gebruik van gemaakt. Het vergt enig tekenwerk en redeneringen voordat de gemeente een akkoord kan geven. Ik had ook de bovenruimte als "onbenoemde ruimte" kunnen aanmerken, zodat het niet getoetst hoefde te worden aan het Bouwbesluit. Voor mij was het belangrijker dat de Tiny-A nu gewoon aan de eisen voldoet en veilig is', aldus Bakker.

Tiny-A has a gross floor area of 50 m². Of this, 40 m² is on the ground floor, including the kitchen, sanitary space, living room and storage. In addition, there is a mezzanine with a bedroom measuring 10 m². Bakker deliberately opted to insert a mezzanine, not a full floor, to maximize light incidence and ceiling height. Because the appearance of the panels determines the atmosphere of the house, the designer wanted a plywood finish instead of the white laminated chipboard that are common in attics. This plywood is then soaped so that the walls are dirt resistant. The exterior is finished sustainably with thermally treated Dutch wood.

Miller's staircase

To save space, the competition concept included the use of a so-called 'miller's staircase', with alternating left and right steps on which you place just one foot. This allows you to make a much steeper stairs. Detailing this stairs meant carefully studying the relevant regulations in the Dutch Buildings Decree. 'The Dutch Housing Act of 1901 was extremely important in creating a healthier and safer living and housing environment. But over time, more and more clauses were added. For example, the regulations demand increasingly shallow stairs, but they eat up space. However, the Buildings Decree also states that if an equivalent solution can be demonstrated, this should also be possible. I made use of this clause. It requires a bit of drawing and reasoning before the municipality will agree. I could also have indicated the upper space as an "undesignated space" so that it wouldn't have to comply with the Buildings Decree. But for me it was important to ensure that Tiny-A simply complies with all the standards requirements and is safe', says Bakker.

Tiny-A · DaF-architecten

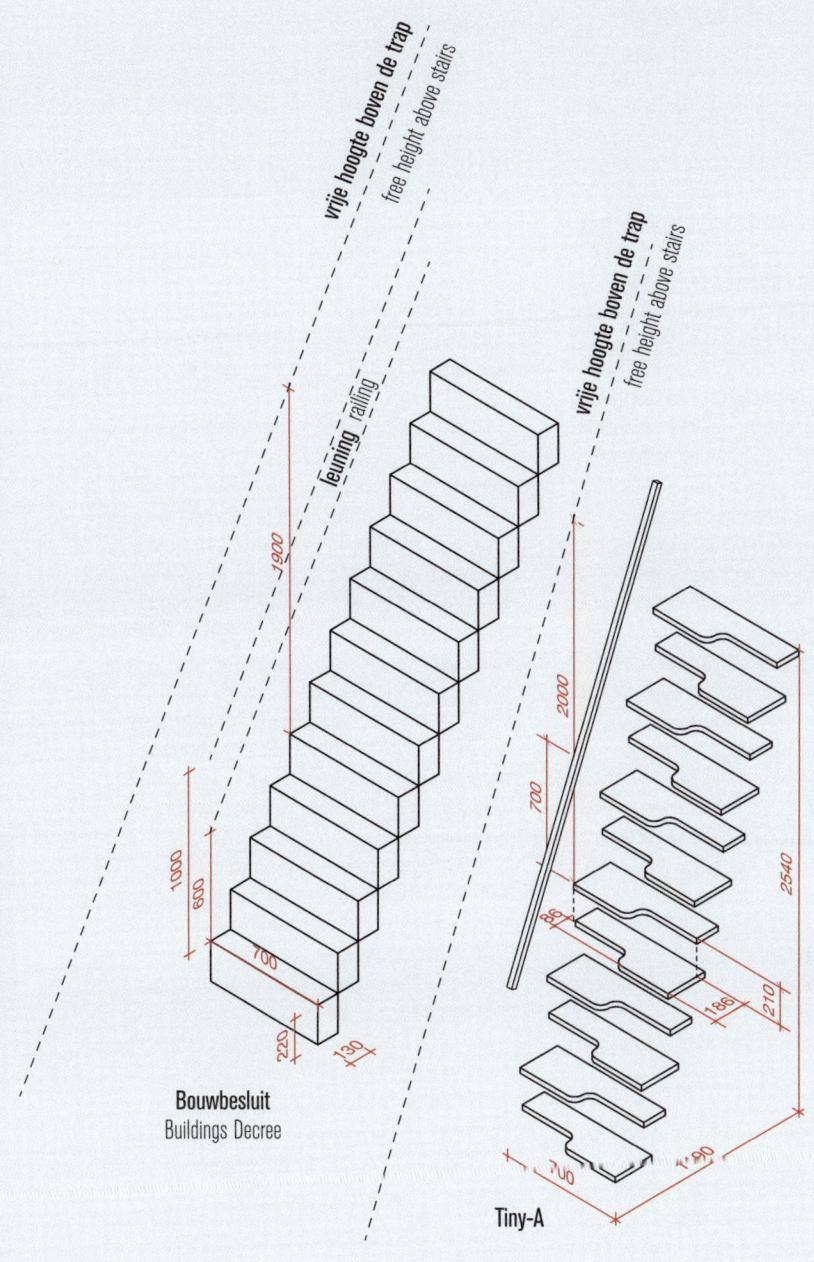

Bouwbesluit
Buildings Decree

Tiny-A

Is een mug energetisch minder efficiënt dan een olifant?

Het gerealiseerde prototype van Tiny-A is op jaarbasis volledig energieneutraal. Dat is een hele prestatie. Hoe kleiner een huis, hoe ingewikkelder het is om zo'n woning energieneutraal te maken. Een mug is immers energetisch minder efficiënt dan een olifant. Toch is het gelukt. En meer dan dat. Naast de vijftien pv-panelen die energie opwekken is er laagfrequente infraroodvloerverwarming die weinig energie verbruikt en heeft het huisje intelligente CO_2- en vochtgestuurde ventilatie met warmterugwinning, waarvan de uitlaat uitkomt in de berging en deze zo vorstvrij houdt.

Een wel heel bijzondere technologische innovatie is de hightech E-shower. Bakker: 'Dit is een circulaire douche die het gebruikte warme water opvangt, vervolgens filtert door middel van een microfilter en met UV bewerkt waardoor het hergebruikt kan worden, terwijl tegelijkertijd ook steeds vers water wordt toegevoegd. Per saldo circuleert elke druppel ongeveer 9 keer. Als je je bedenkt dat bij een gewone douchebeurt zo'n 100 liter warm water wordt gebruikt, dan snap je dat dit een enorme besparing op water en energie is. Er wordt in deze innovatieve bedrijfstak uitgegaan van zo'n 70% energiebesparing en 85% waterbesparing. Met het eigentijdse bedieningspaneel kun je ook nog eens naar muziek luisteren.'

Bovenop de besparingen die de circulaire douche al biedt, heeft Bakker de douche ook nog aangesloten op de Quooker in de keuken. Zo is er slechts één zeer zuinig en klein apparaat nodig dat warm en kokend water levert. Uiteraard werken al deze innovatieve investeringen door in de initiële kosten. 'We moeten er aan wennen

Is a mosquito less energy efficient than an elephant?

The Tiny-A prototype is a fully 'zero-energy' building calculated on an annual basis. That is a great achievement. The smaller the house, the more complicated it is to make it a zero-energy house. After all, a mosquito is less energy efficient than an elephant. But it has been successful. And more than that. In addition to the fifteen PV panels that generate energy, there is low-frequency infrared floor heating that consumes little energy, and the house has intelligent CO2-controlled and humidity-controlled ventilation with heat recovery, with a vent placed in the storage unit to protect this space from frost. A very special technological innovation is the high-tech E-shower. Bakker: 'This is a circular shower that collects used water and processes it through a micro filter and UV filter so that it can be reused, while fresh water is added all the time. On balance, each drop circulates an average of 9 times. When you think that a normal shower uses about 100 litres of warm water, then you understand that this means a huge saving on water and energy. This innovation is based on a 70% energy saving and 85% water saving. The modern control panel even allows you to listen to music.'

In addition to the saving offered by the circular shower, Bakker has also connected the shower to the Quooker in the kitchen. That means just one very efficient and small device is needed to heat and boil water. Needless to say, all these innovative investments impact on the initial costs. 'We have to get used to balancing the costs of sustainable innovations like these with the fact that you no longer receive an energy bill. Indeed, you can even generate income by supplying energy back to the grid. The monthly cost of the house, including energy and water, comes to about € 500.'

Tiny-A · DaF-architecten

Maandlasten inclusief water en energie: € 500.

Monthly expenses including water and energy: € 500.

om de kosten van dit soort duurzame voorzieningen af te zetten tegen het niet meer ontvangen van een energierekening en beter nog: het hebben van inkomsten uit het leveren van energie aan het net. De maandlasten voor de woning bedragen inclusief energie en water rond de € 500.'

Meer kleine kavels

Om het gevoel van vrijheid te vergroten, heeft Bakker Tiny-A bewust aan de rand van de kavel geplaatst zodat er zoveel mogelijk ruimte overblijft voor de tuin. Het prototype van de Tiny-A op de BouwEXPO is door Bakker zelf ontwikkeld. Elements Interactive Almere die bij aanvang al opdrachtgever was voor buurwoning Slim Fit, heeft ook dit ontwerp omarmd en na oplevering gekocht. Bakker: 'De belangstelling tijdens de publieks-

More small sites

To enhance the sense of freedom, Bakker deliberately placed Tiny-A on the edge of the site, thereby maximizing the space left for the garden. Bakker himself developed the Tiny-A prototype built at the BouwEXPO. Elements Interactive Almere, which was initially the client for the neighbouring Slim Fit house, also embraced this design and bought it as soon as it was built. Bakker: 'Public interest during the open days of the BouwEXPO was tremendous. More than a thousand visitors left me their contact details. They included a surprising number of empty nesters: couples or singles whose children have left home, meaning that they no longer need such a big house. For the present, the demand for living space in compact affordable freestanding houses greatly exceeds supply.'

verkavelingsplan
site plan with plots

Tiny-A · DaF-architecten

momenten van de BouwEXPO was overweldigend. Meer dan duizend bezoekers lieten hun gegevens achter. Onder hen opvallend veel 'empty nesters': koppels of alleenstaanden van wie de kinderen uit huis zijn, waardoor ze niet meer per se behoefte hebben aan een groot huis. De vraag naar huisvesting in compacte, betaalbare vrijstaande huizen lijkt het aanbod vooralsnog fors te overschrijden.

Het liefst zou hij Tiny-A als bouwpakket aan zelfbouwers willen leveren. Maar dan wreekt zich het feit dat gemeenten de benodigde kleine kavels nagenoeg niet aanbieden. Zonde, want er is absoluut vraag naar. 'Het zou mooi zijn als gemeenten de reflex van het aanbieden van alleen grote kavels zou doorbreken', stelt Bakker.

Ideally, he would like to supply Tiny-A as a construction kit so people can build their own home. But then there is the downside that municipalities hardly ever make the necessary small sites available. A pity, because the demand is clear to see. 'It would be great if municipalities suppressed the reflex to make nothing but large sites available,' says Bakker.

In hoge dichtheid en vrijstaand.

High density and freestanding.

Wat heb je nodig om te wonen? Een dak boven je hoofd!

What do you need for a house?
A roof over your head!

Tiny-A · DaF-architecten

WikiHouse - Woningbouwatelier

De gemeente heeft een overgebleven kavel toegewezen aan het WikiHouse, een experiment van het Woningbouwatelier.
The municipality allocated a leftover plot to the WikiHouse, an experiment from the Housing Atelier.

EEN CILINDER-VORMIG DRAAIEND HUIS

A CYLINDRICAL, ROTATING HOUSE

Project information

Under development
Client: Mevrouw Visser
Winner: studio RTM, Nanne Verbruggen, Ewoud Netten
Contractor: EPS Bouwsystemen, Lelystad
Construction period: 1 day to position on site
Gross floor area: 24 m²
BouwEXPO site: 108 m²

Tiny Revolver House · studio RTM

Veel tiny house-ontwerpers willen een zo groot mogelijk tiny house ontwerpen. Nanne Verbruggen en Ewoud Netten (studio RTM) vonden het juist een uitdaging om zo'n compact mogelijke woning te ontwikkelen. Dus ontwierpen ze Tiny Revolver House. Het enige huis waarbij je in één draai de slaapkamer in de eetkamer verandert.

Many tiny house designers want to design the biggest possible tiny house. Nanne Verbruggen and Ewoud Netten (studio RTM), by contrast, welcomed the challenge to develop the most compact possible house. So they designed the Tiny Revolver House, the only house where you can turn the bedroom into a dining room in one turn.

Revolver verwijst niet naar het wapen, maar wordt in het Engels ook gebruikt om iets te beschrijven dat draait, vandaar de naam. Revolver House bestaat uit een vast en een roterend deel. 'Het roterende gedeelte is een kamer die drie verschillende standen en dus functies aan kan nemen: eet- en werkruimte, slaapkamer en loungekamer', vertelt Nanne Verbruggen.
Veel tiny houses hebben in- en opklapbare meubels. Verbruggen en Netten wilden juist een concept ontwikkelen waarbij de ruimte zich aanpast aan de activiteit en niet andersom. Zo kwamen ze uit bij een carrousel die je gemakkelijk met één hand kunt draaien en fixeren in een stand waardoor de verschillende woonfuncties letterlijk in elkaar overvloeien. Het meubilair in het ontwerp bestaat uit twee zitbanken,

Revolver doesn't refer to the weapon but to the revolving motion. Hence the name. Revolver House consists of a fixed and a rotating part. 'The rotating part is a room that can be set in three different positions and accommodates three functions: dining and working space, bedroom, and lounge,' explains Nanne Verbruggen.
Many tiny houses contain foldable and collapsible furniture. But Verbruggen and Netten wanted to develop a concept where the space adapts to the activity, not vice versa. That's how they arrived at a carrousel that you can easily rotate with one hand and fix in different positions. As a result, the various functions literally flow into one another. The furniture in the design consists of two benches, a table, a sofa and a flat surface for the bed. The fixed part

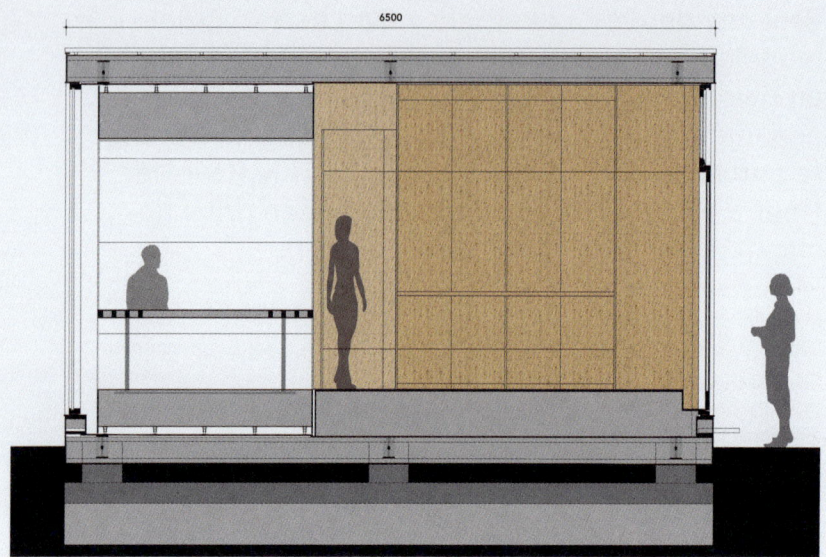

langsdoorsnede met kastenwand
longitudinal section and cupboard wall

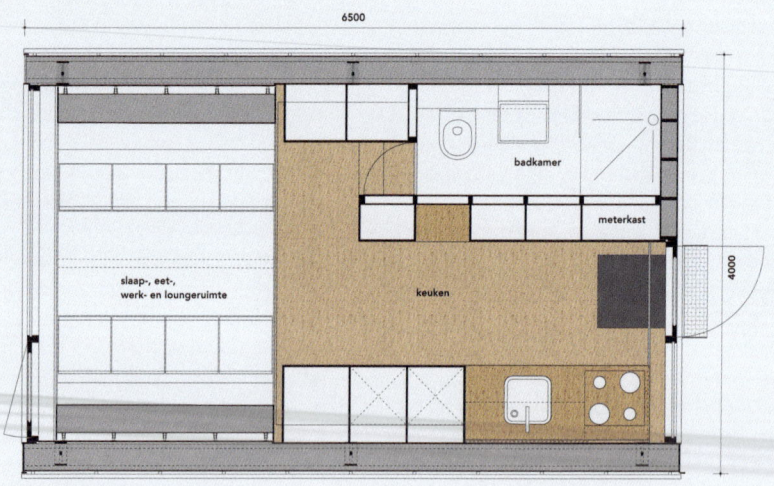

plattegrond
floor plan

Tiny Revolver House · studio RTM

De inspiratie kwam uit Berlijn, van ontwerper Bo Le-Mentzel. Hij ontwierp het One SQM House. Een huisje van één vierkante meter. Als je gaat slapen, moet je het huisje neerleggen. Het huis past zich aan de bewoner aan.

The inspiration came from designer Bo Le-Mentzel in Berlin. He designed One SQM House, a house no bigger than one square metre. When you go to sleep, you have to put the house on its side. The house adapts to the occupant.

eten
eating

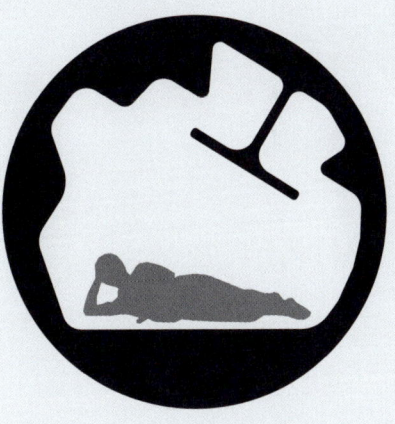

slapen
sleeping

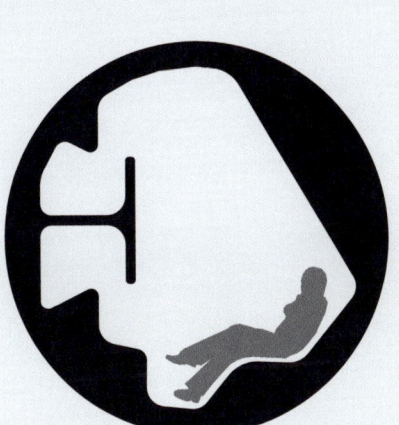

loungen
relaxing

prijsvraaginzending
competition submission

Voldoet aan het Bouwbesluit.

Complies with the Dutch Buildings Decree.

een tafel, een loungebank en een vlak deel voor het bed. In het vaste deel van de woning is rekening gehouden met opbergruimte. Want wonen in het Tiny Revolver House vraagt wel om een bewuste en actieve manier van wonen. Je moet bijvoorbeeld telkens je beddengoed opruimen. In het vaste gedeelte zijn de badkamer en keuken. Dit is niet te verwerken in een roterend gedeelte in verband met de aansluiting op riolering, water en elektriciteit.

of the house takes storage into account. That's because living in the Tiny Revolver House calls for a conscious and active way of living. For instance, you have to tidy away the bedclothes every day. The fixed part contains the bathroom and kitchen. This couldn't be incorporated into a rotating part because of the connections to the sewer system and water and electricity networks.

Tiny Revolver House · studio RTM

Vergund

Volgens het Bouwbesluit moeten in het verblijfsgebied van een woning de voor de woning kenmerkende activiteiten kunnen plaatsvinden, zoals eten, slapen en ontspannen. Hier wordt aan voldaan met 10 m² verblijfsgebied. Daarvan moet tenminste 7,5 m² een breedte van 2,4 meter hebben. Het huisje voldoet niet aan die vereiste maat, maar weet dankzij het roterende gedeelte wel in de gebruiksfuncties te voorzien. De prijswinnaars hebben in dit verband gebruik gemaakt van de gelijkwaardigheidsbepaling waardoor het huisje vergund kon worden. Tiny Revolver House wordt 'drijvend' gefundeerd. De grond onder het huisje zal worden weggehaald. De hoeveelheid weg te halen grond komt overeen met het gewicht van het huisje. Dit gat wordt gevuld met EPS (polystyreen hardschuim). Daar wordt het huisje opgezet. 'De grond heeft dan als het ware niet door dat er een verandering is.'

Mooi geheel

De ontwerpers benadrukken met hun materiaalkeuze de tweedeling tussen het draaiende en het vaste gedeelte. Het vaste gedeelte met keuken en badkamer heeft een multiplex afwerking. Het roterende gedeelte bestaat uit EPS en wordt voorzien van bamboebekleding. 'Door middel van wieltjes kun je de binnenste cilinder draaien.' De buitenkant van de woning is bekleed met lariks latten. Deze keuze is voornamelijk vanuit esthetisch oogpunt gemaakt. De cilindervorm van het huisje volgde logisch op het roterende gedeelte in het huis. 'Zo wordt het een mooi geheel,' aldus Verbruggen.

Permit

According to the Dutch Buildings Decree, the space of a home must be able to accommodate the activities typical of domestic life, such as dining, sleeping and relaxing. These are facilitated by the 10 m² living space. Of that, at least 7.5 m² must have a width of at least 2.4 metres. The house does not comply with the required size, but does facilitate the functions thanks to the rotating part. In this regard, the prize-winners made use of the 'equivalence principle' in the Buildings Decree to secure the necessary permit.
The foundation beneath the Tiny Revolver House 'floats'. The soil under the house will be removed, with the amount of soil removed equal to the weight of the house. The space created will be filled with EPS (polystyrene foam), on which the house is placed. 'It's as if the ground doesn't know that something has changed.'

Beautiful ensemble

With their choice of materials, the designers emphasize the division into rotating and stationary parts. The fixed part with kitchen and bathroom is finished in plywood. The rotating part consists of polystyrene and is finished in bamboo. 'Small wheels allow you to rotate the innermost cylinder.' The exterior of the house is clad in larch slats. This choice has been made largely on aesthetic grounds. The cylindrical shape of the house followed logically from the rotating of the design. 'The result is a beautiful ensemble,' says Verbruggen.

Jury:

'Binnen het geheel aan inzendingen is dit voorstel zowel buitenissig als heel bescheiden. Een atypische vorm, maar in de eenvoud heel goed. Het ontwerp laat een volledig nieuwe aanpak van functionaliteit zien.'

Jury: 'Of all the schemes submitted, this proposal was both eccentric and very modest. An atypical form, but very good in its simplicity. The design shows a totally new approach to functionality.'

Tiny Revolver House · studio RTM

KODA · Kodasema

KODA VERHUIST MET JE MEE

KODA MOVES HOUSE WITH YOU

Project information

Client: Kodasema
Winners: Kodasema, Ülar Mark, Estland
Construction period: 3 months in the factory, 3 hours to install on site
Gross floor area: 26.4 m²
BouwEXPO site: 94 m²

KODA · Kodasema

De Estlandse hoofdarchitect Ülar Mark vindt samen met vier compagnons dat het anders moet in de woningbouw. 'We hebben een klein en duurzaam huis ontwikkeld dat gemakkelijk te verplaatsen is en steeds opnieuw op braakliggende terreinen kan worden geplaatst. Ook hebben we onderkend dat de moderne stadsbewoner wordt geconfronteerd met CO_2-uitstoot en geluidsoverlast. We hebben een huisje bedacht dat bewoners daartegen beschermt. Dat is uniek.'

Estonian lead architect Ülar Mark and his four partners feel that things have to change in the housing sector. 'That's why we developed a small, sustainable and mobile house that's easy to move to new locations. We also recognize that the modern city dweller is confronted by high levels of CO_2-emissions and noise disturbance. So we came up with a house that actually protects residents. That's unique.'

KODA is een kant-en-klare mobiele betonnen kubusvormige woning die bijzonder goed isoleert – ook tegen geluid – en binnen een paar uur geplaatst kan worden. Ze kunnen dus ook gemakkelijk op geluidbelaste, braakliggende terreinen geplaatst worden. 'Onze maatschappij is complex. De eenvoud en vrijheid van KODA zijn daar een antwoord op. In het Nederlands is KODA te vertalen als "thuis". Als je wilt verhuizen, kun je met KODA je huis dus gewoon meenemen', vertelt Birgit Lannamäe

KODA is a ready-made mobile concrete cubic house that's remarkably well isolated – even against noise – and can be erected within a few hours. That means they are suitable for vacant sites exposed to high noise levels. 'Our society is complex. The simplicity and freedom of KODA offers an answer. KODA translates into Dutch as "home". If you want to move house, KODA allows you to take your home with you,' explains Birgit Lannamäe of Kodasema. The house is assembled in a factory and can

De versie in Almere kwam kant-en-klaar, met opgemaakt bed.
The house in Almere arrived fully furnished, with the bed made.

van Kodasema. Het huisje wordt in een fabriek in elkaar gezet en kan dan achterop een vrachtwagen vervoerd worden. Mark: 'We kunnen inmiddels wel woningen ontwerpen die snel in elkaar te zetten zijn. Maar de aansluiting op nutsvoorzieningen kost tijd. Dat proces loopt achter op de bouwkundige vernieuwingen. Als we echt flexibel willen wonen, zal dat ook moeten veranderen.'

Extreem dun, isolerend beton

Het team schreef zich in voor de prijsvraag be delivered on the back of a truck. Mark: 'We're now able to design houses that can be put together quickly. But connecting them to utilities takes time. That process lags behind the architectural developments. If we really want to live flexibly, then that will have to change.'

Extremely thin, insulating concrete

The team entered the competition and submitted a design under the motto 'Walking Concrete'. They decided to participate because they want to test their sustainable

KODA · Kodasema

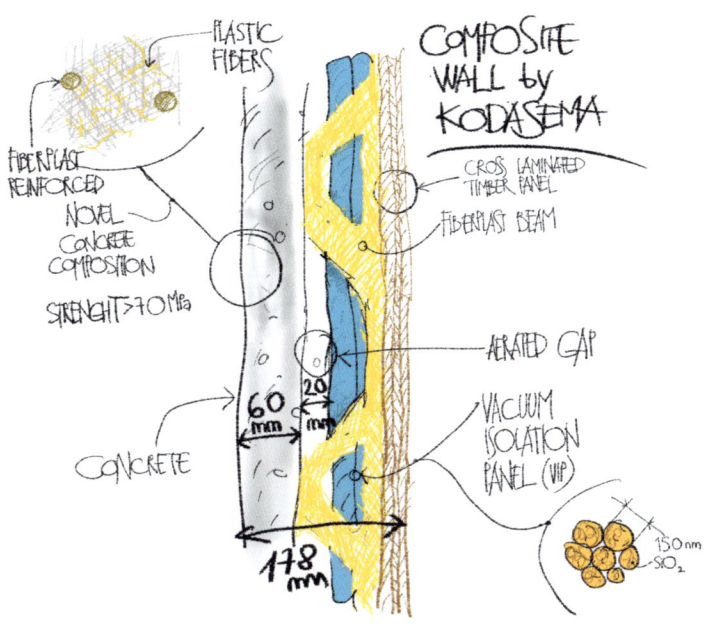

Dankzij een speciaal isolatiesysteem kunnen de betonnen buitenmuren dun zijn.
The concrete exterior walls can be so thin thanks to a special insulation system.

en diende een ontwerp in onder het motto 'Walking Concrete'. Zij schreven zich in omdat zij hun duurzame concept internationaal willen testen. Prototypes stonden al in Tallinn, Oslo en Londen. Mark: 'In Estland zijn de winters koud. Zelfs bij -30 graden Celsius moet KODA goed isoleren. Daarom hebben wij voor beton gekozen. De betonnen buitenwanden zijn slechts zes centimeter dik. Dit is extreem dun voor een betonnen wand. Gebruikelijk is een wand van twintig centimeter breed. Door een speciaal door ons bedacht isolatiesysteem met vacuümisolatiepanelen

concept internationally. Prototypes were already built in Tallinn, Oslo and London. Mark: 'Winters in Estonia are cold. KODA needs to insulate well at even minus 30 degrees Celsius. That's why we opted for concrete. The concrete exterior walls are just six centimetres thick. That's extremely thin for a concrete wall. Walls of twenty centimetres thickness are more common. We devised a special insulation system with vacuum insulation panels (VIP) that allows the concrete walls to be made so thin. We opted for this system not only because it insulates so well, but also because we want

(VIP) kunnen de betonnen muren zo dun worden gemaakt. We hebben niet alleen voor dit systeem gekozen omdat het zo goed isoleert. We willen ook zo min mogelijk materiaal gebruiken.' KODA is een volwaardige woning die voldoet aan alle eisen van het Nederlandse Bouwbesluit. 'We hoefden hiervoor geen veranderingen aan te brengen in ons Estlandse prototype', vertelt Mark.

Gezond huis

Als je de voordeur van KODA, die ook van beton is, opent en de woning binnenstapt, valt de lichtinval via de plafondhoge ramen aan de voorkant op. KODA heeft 26,4 m^2 woonoppervlak. De binnenkant van het huis is afgewerkt met hout. Over elke millimeter van het interieur is nagedacht. Mark: 'De grootste uitdaging was om een zo'n klein mogelijke woning te ontwikkelen. Het ontwerp zit zeer functioneel in elkaar. Kasten en opbergruimte zijn op allerlei manieren geïntegreerd in het ontwerp. De KODA is overigens ook als casco huisje te leveren, hetgeen uiteraard een stuk goedkoper is.'

Het huis heeft zonnepanelen op het dak en wekt energie op. Er is vloerverwarming en een speciaal klimaatsysteem dat voor een gezond binnenklimaat zorgt. Dat systeem monitort de luchtkwaliteit in huis. Zit er bijvoorbeeld te veel koolstofmonoxide in de lucht, dan wordt er automatisch geventileerd en komt er frisse lucht binnen. Ook heeft het een systeem waarmee je de verlichting op afstand aan kunt zetten. KODA heeft veel slimme toepassingen.

Als je goed kijkt zie je een patroon in de buitenwanden. Dit is de afdruk van zeildoek. Zeilen is een van Ülar Marks grote passies. Mark: 'Wat ik zo mooi vind, is dat al die zeildoeken een verhaal vertellen. Door het beton in een bak met gebruikte zeilen te gieten, krijgt ieder huis een eigen print en is daarmee uniek.'

to use as little material as possible.' KODA is a fully-fledged house that complies with all the requirements of the Dutch Buildings Decree. 'We didn't have to make any alterations to our Estonian prototype,' says Mark.

Healthy house

If you open the KODA front door (also made of concrete) and step inside, you'll notice the natural light entering through the floor-to-ceiling windows at the front. KODA has a surface area of 26.4 m^2. Finished in wood, the interior is also designed down to the millimetre. Mark: 'The biggest challenge was to develop the smallest possible house. The design is highly functional. Cabinets and storage space are incorporated into the design in all sorts of ways. The KODA can also be delivered as an unfinished shell, which is obviously a good deal cheaper.' The house has solar panels on the roof and generates energy. There is floor heating and a special climate system to ensure a healthy interior climate. That system monitors air quality inside the home. If there is too much carbon monoxide in the air, then it is automatically ventilated and fresh air enters. It also features a system that allows the illumination to be switched on from a distance. KODA boasts lots of smart applications.

If you look carefully, you see a pattern on the exterior walls. It's the print of boat tarpaulin. Sailing is one of Ülar Mark's big passions. Mark: 'I think it's beautiful that all those tarpaulins tell a story. By pouring the concrete into formwork lined with used tarpaulin, you get a different, unique print on each house.'

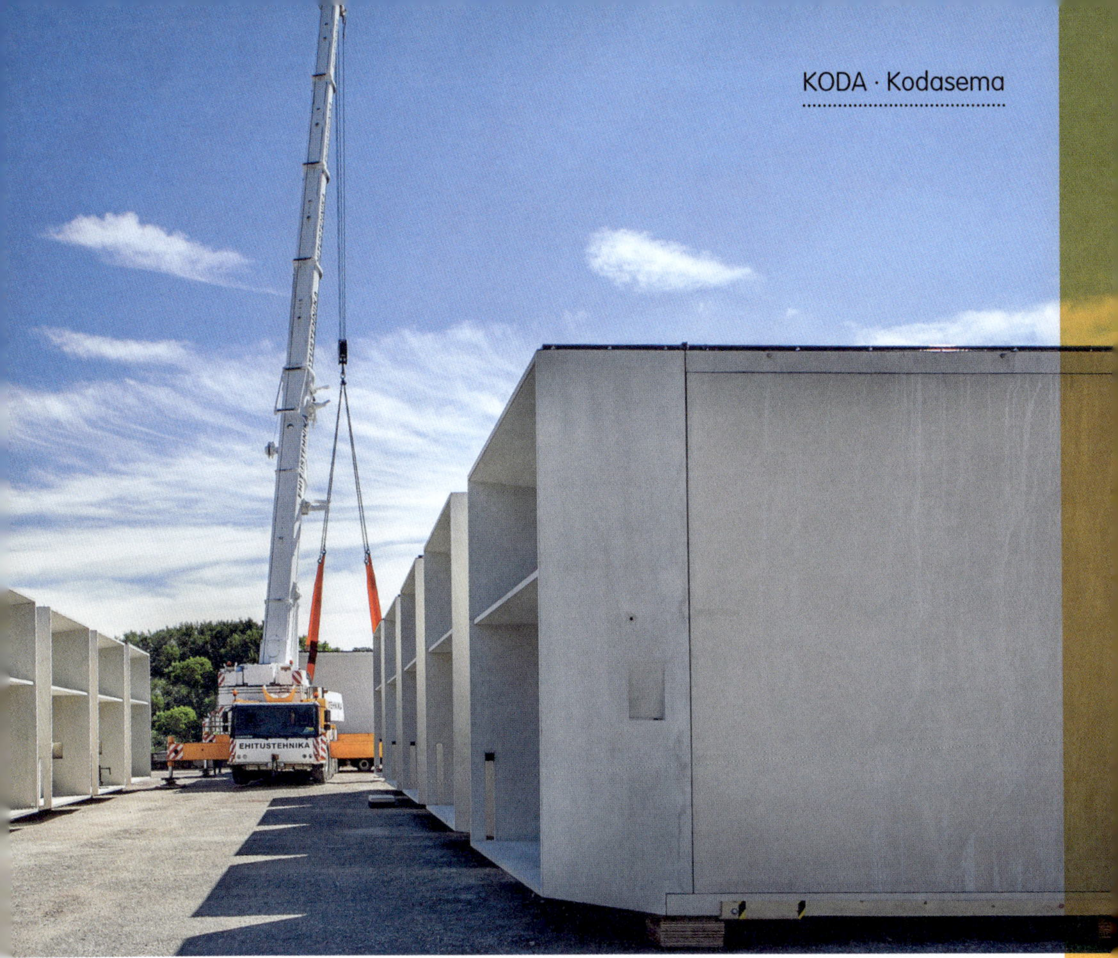

KODA · Kodasema

 Jury:
'Een plan waar chic en eenvoud worden gekoppeld. Dit plan is heel geschikt voor een tijdelijke setting en biedt privacy waar dat nodig is. Hier voegen kubieke meters ruimtelijke kwaliteit toe.'

Jury: 'A project that unites chic and simple. This project is very suitable for temporary accommodation and offers privacy where necessary. Cubic metres add spatial quality here.'

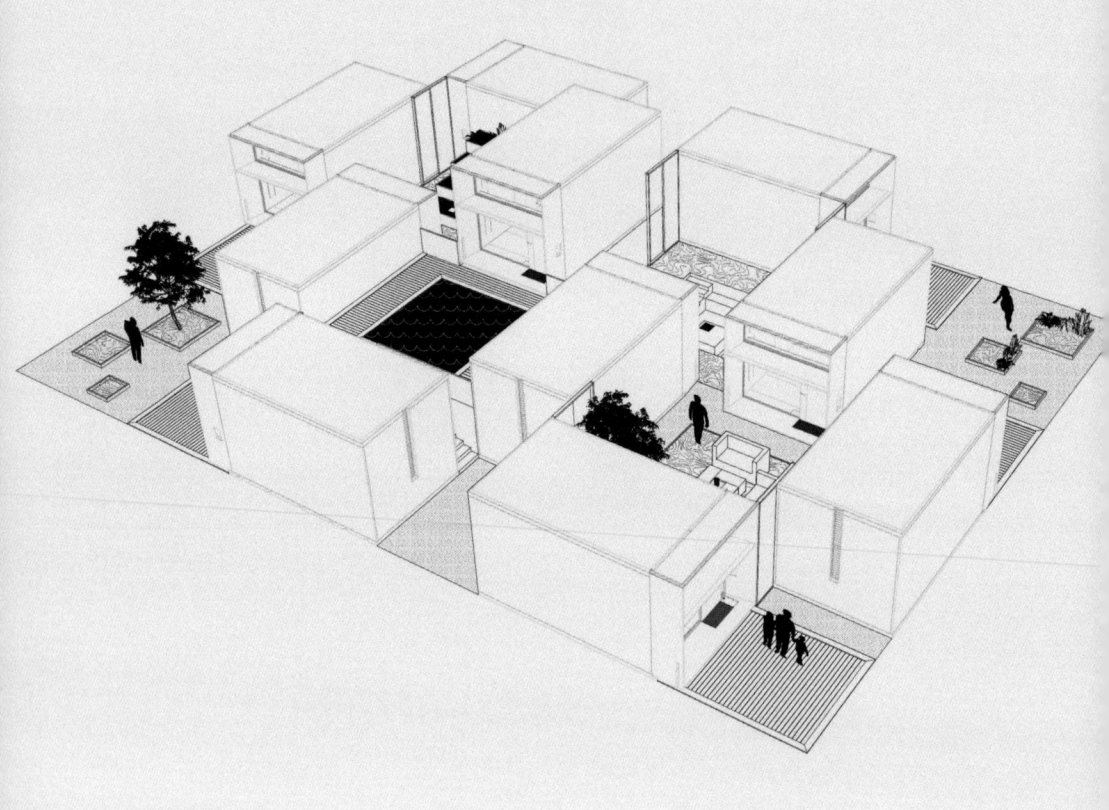

KODA huisjes met privétuinen.
KODA houses with private gardens.

KODA · Kodasema

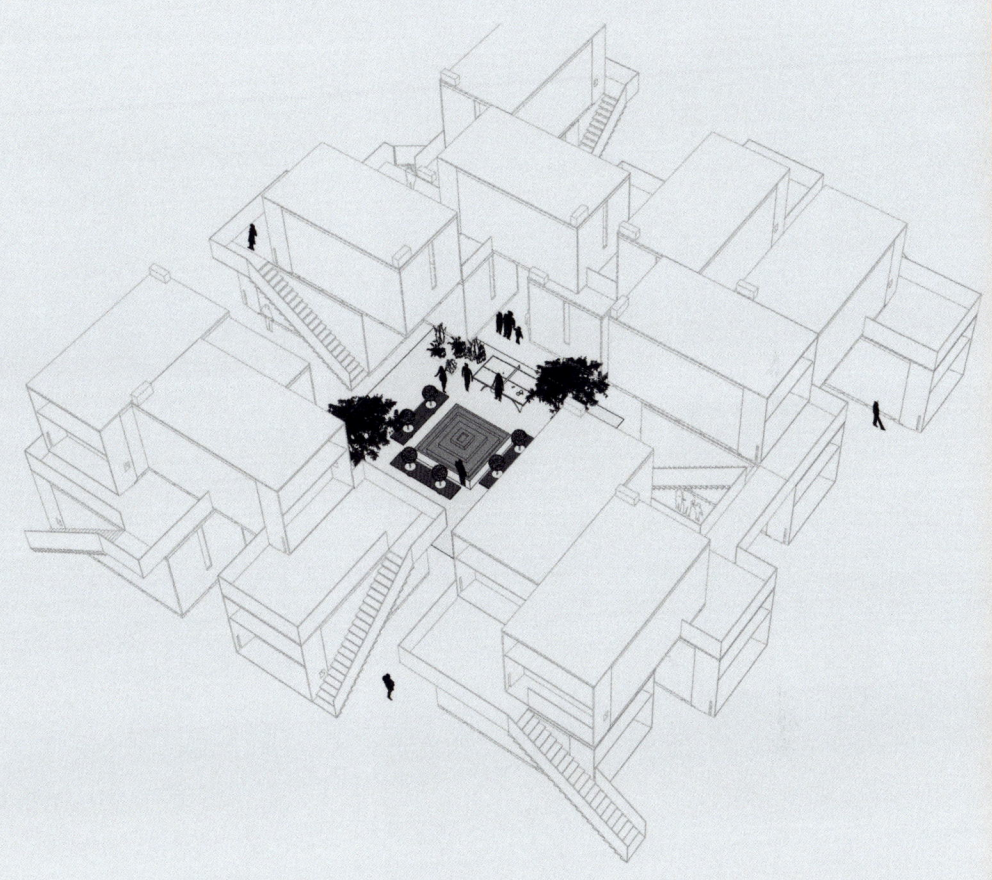

Geclusterde **KODA** huisjes met gemeenschappelijk binnenterrein.
KODA houses in a cluster with public courtyard.

KODA · Kodasema

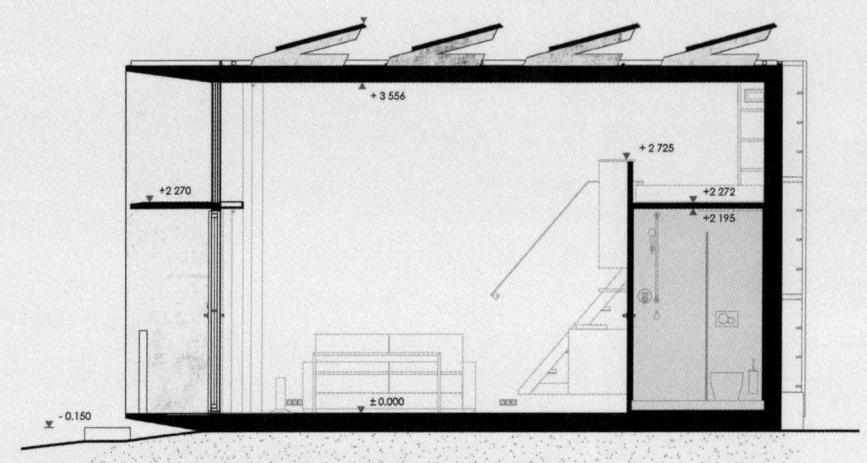

doorsnede en plattegronden
section and floor plans

KODA · Kodasema

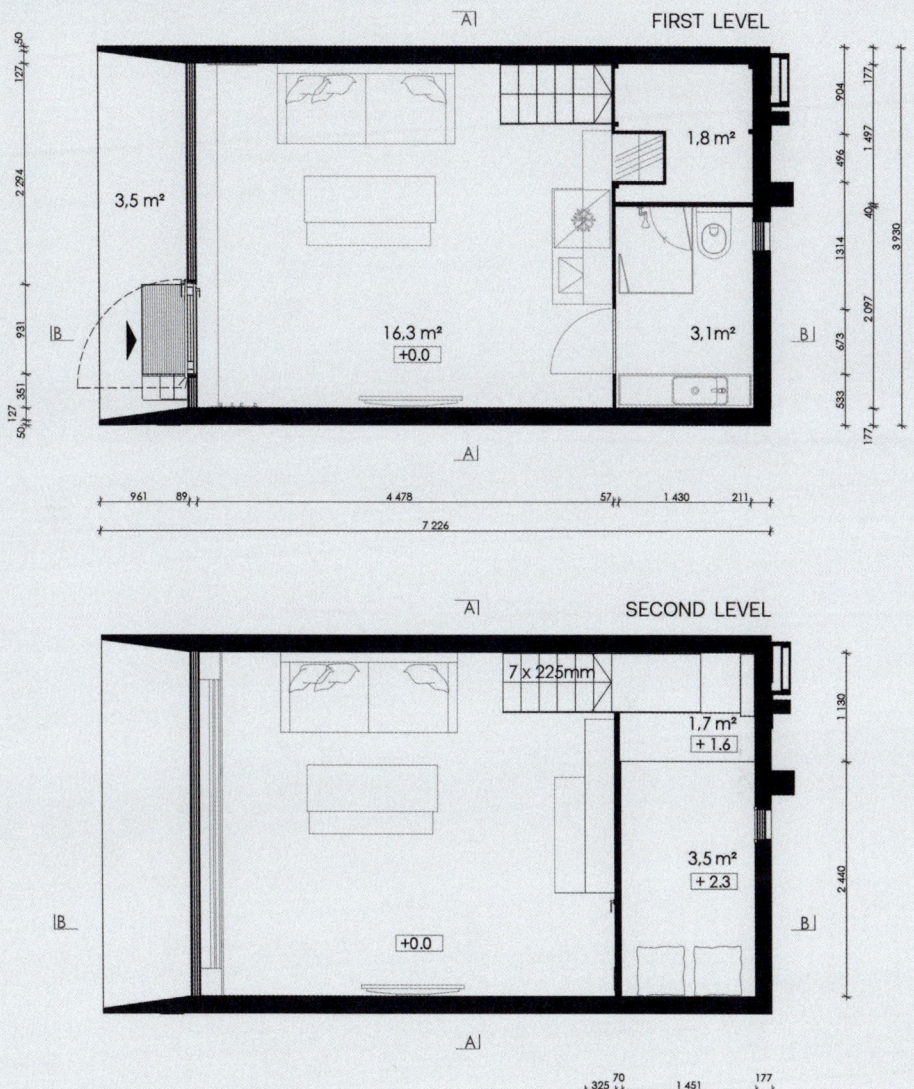

KODA · Kodasema

Tiny TIM · FARO architecten, Hans Peter Föllmi

KLEIN IN AFMETING, GROOTS IN PRESTATIE

SMALL IN SIZE,
BIG IN PERFORMANCE

Project information

Under development
Team: Hans Peter Föllmi,
Jurgen van der Ploeg, Bauke Lucas
Winners: Jurgen van der Ploeg,
Waitlands, Faro, IC4U, Triple Solar,
Green Art Solutions, Our Green Spine,
Ruiter Electronics, PowerOak
Contractor: Korbeel, Wormerveer
Construction period: 4 weeks
Gross floor area: model XS: 15 m^2,
model S: 27 m^2
BouwEXPO site: 138 m^2

Model S is voorgesteld voor realisatie op het BouwEXPO-terrein.
Model S has been proposed for realization on the BouwEXPO site.

Tiny TIM · FARO architecten, Hans Peter Föllmi

Een groene wand van rietplanten en diverse filters maakt dat je van grijs afvalwater en urine weer drinkbaar water kunt maken geschikt voor menselijke consumptie. Tiny TIM is het enige volledig autarkische huis op de BouwEXPO.

A green wall of reeds and various filters turns grey wastewater and urine into potable water again, making it suitable for human consumption. Tiny TIM is the only fully self-sufficient house at the BouwEXPO.

De Tiny TIM Model XS is het prijswinnende idee. Model XS, met een breedte van 2,50 m, is verplaatsbaar op een trailer achter de auto. De jury was enthousiast. 'We zijn er sterk van overtuigd dat dit plan werkt. Deze inzender is ver wat betreft pionieren en zelfvoorzienendheid. De toegepaste technieken zijn bijzonder en geïntegreerd in het ontwerp.'
Voor de BouwEXPO is Model S met een breedte van 3,5 meter voorgesteld. Dit model heeft een vloeroppervlak van 27 m².

Off-the-grid

Het meest bijzondere onderdeel van de autarkische Tiny TIM is de gepatenteerde waterzuiverende groene wand. Een klein stuk gevel van 6 m² is voldoende om van douchewater, afwaswater en urine weer schoon drinkbaar water te maken. Dit gebeurt via een stelsel van watertanks, plantenbakken met zuiverende plantensoorten en technische filters. In Model O is het buffervat voor drinkbaar water vergroot naar 2000 liter, waardoor ook een lange droge periode overbrugd kan worden. Het hergebruiken van water is in de Tiny TIM een

The Tiny TIM Model XS is the prize winning idea. Model XS, with a width of 2.50 metres, can be transported on a trailer hitched to a car. The jury was enthusiastic. 'We are firmly convinced that this scheme works. This entrant is advanced in terms of pioneering ideas and achieving self-sufficiency. The applied technology is remarkable and integrated into the design.'
Model S, with a width of 3.5 metres, has been proposed for the BouwEXPO. This model has a minimum gross floor area of 27 m².

Off the grid

The most remarkable element of the self-sufficient Tiny TIM is the patented water-purifying green wall. A small 6 m² area of facade is enough to turn shower water, dishwashing water and urine into clean, potable water again. This is achieved with a series of water tanks, planters with purifying plant species and technical filters. In Model S, the buffer tank for potable water has been increased to 2000 litres, enough to get through a lengthy spell of arid weather. Reusing water is a continuous process in

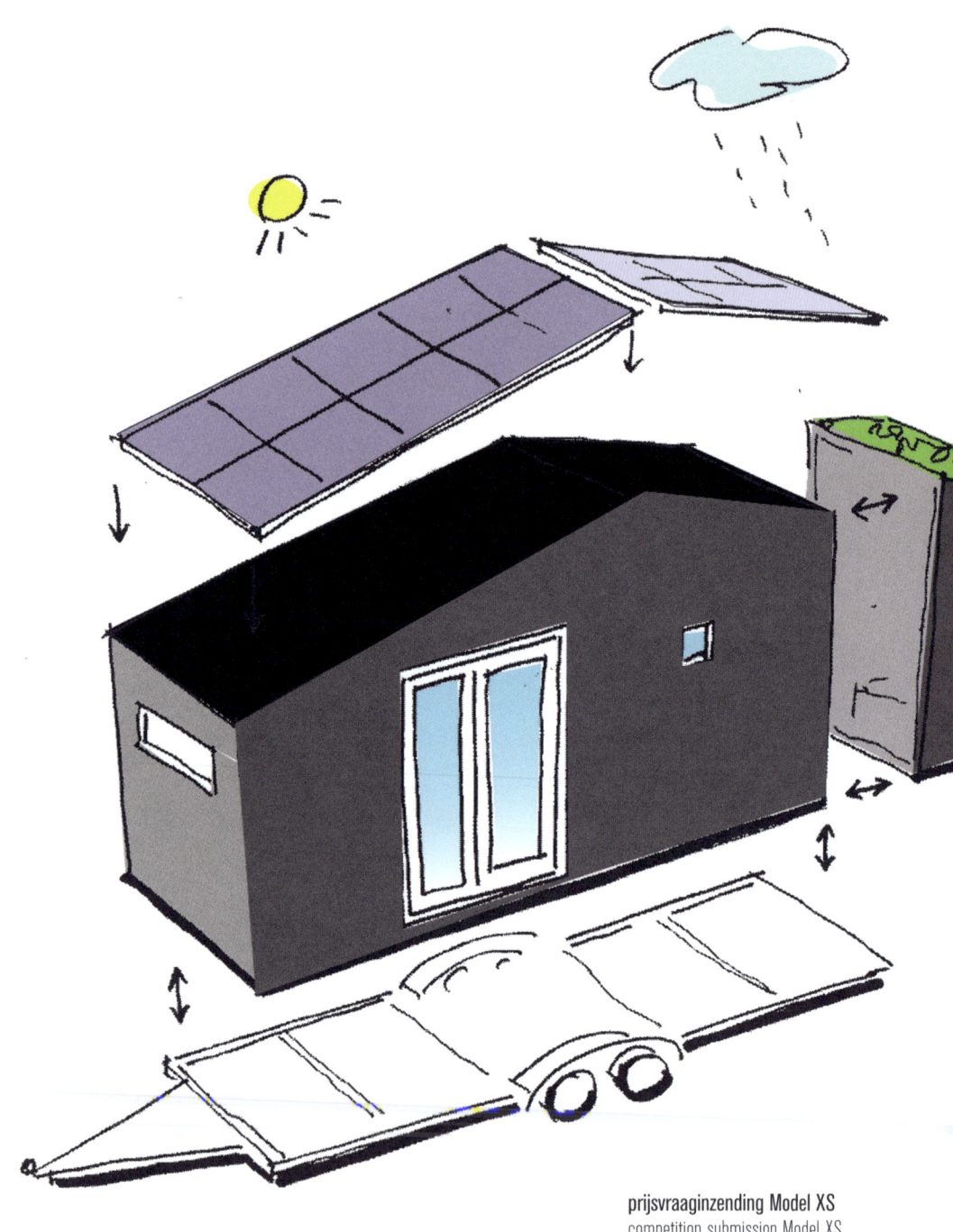

prijsvraaginzending Model XS
competition submission Model XS

Tiny TIM · FARO architecten, Hans Peter Föllmi

100% autarkisch en circulair.

100% autarkic and circular.

continu proces. Het water dat de bewoner verbruikt en het water wat verdampt via de groene plantenwand wordt aangevuld met regenwater. Het opvangen van regenwater is een essentieel onderdeel van het ontwerp. Naast het maken van drinkbaar water zorgt de groene wand voor het verminderen van hittestress in de gebouwde omgeving en neemt hij CO_2 en fijnstof op. Omdat in Nederland alleen waterbedrijven drinkwater mogen leveren, wordt het water dat de groene wand levert 'drinkbaar water geschikt voor menselijke consumptie' genoemd.

Voor het opwekken van elektriciteit en warmte wordt gebruik gemaakt van speciaal ontwikkelde PVT-panelen. Deze oogsten op verschillende manieren energie: elektrisch (PV), thermisch (T) – waarbij uit zon- en daglicht warmte wordt onttrokken – en uit de lucht. Daardoor werkt dit systeem ook 's nachts en in de winter. Een belangrijk argument om voor dit systeem te kiezen als je het hele jaar door 100 procent zelfvoorzienend wilt zijn. Gevolg is een tiny house waarmee bewoners off-the-grid kunnen leven. De elektriciteit die overdag wordt geoogst, wordt opgeslagen in een grote accubank. Een kleine warmtepomp,

Tiny TIM. The water that the occupant uses and that evaporates through the green plant wall is replenished with rainwater. Collecting rainwater is an essential aspect of the design. In addition to producing potable water, the green wall reduces heat stress in the built environment and absorbs CO_2 and particulate matter. Since only water utilities are permitted to supply potable water in the Netherlands, the water produced by the green wall is called 'potable water suitable for human consumption'.

Specially developed PVT panels are used to generate electricity and heat. They harvest energy in various ways: electrically (PV), thermally (T) – heat is extracted from sunlight and daylight – and from the air. This system therefore works at night and during the winter. If you want to remain 100 percent self-sufficient throughout the year, that's an important reason for choosing this system. The result is a tiny house that allows occupants to live off the grid. The electricity generated during the daytime is stored in a big battery container. A small heat pump connected to the PVT panels ensures an optimal energy yield throughout the year. This is important for a self-sufficient installation, because it's not a matter of how much

die gekoppeld is aan de PVT-panelen, zorgt over het jaar verdeeld, voor een optimale energieopbrengst. Dit is belangrijk voor een autarkische installatie, want het gaat er niet om hoeveel energie je op jaarbasis opwekt, maar wanneer. Het grote buffervat slaat de warmte op en zorgt voor een overbrugging van enkele dagen.

De gevel is van gebrand hout. Voor het branden van het naaldhout gebruiken de bouwers een traditionele Japanse techniek, waarbij naaldhout aan één zijde gebrand wordt: Shou Sugi Ban. Schilderen is dankzij deze techniek niet nodig. Het huis wordt gefundeerd door middel van schroefpalen die je bij verplaatsing naar een nieuwe locatie kunt losmaken en hergebruiken. Voor het transport wordt gebruik gemaakt van een dieplader. Door de maximale breedte van 3,50 meter is daarvoor geen extra begeleiding nodig en blijft verplaatsing betaalbaar. Op de BouwEXPO is het prijswinnende idee Model XS weggereden om plaats te gaan maken voor Model S van 27 m².

energy you generate annually, but when you generate it. The big buffer tank stores the heat, which can then cover consumption for a number of days.

The facade is made of charred wood. To char the softwood, the contractor uses a traditional Japanese technology in which softwood is charred on one side: Shou Sugi Ban. This technique makes painting unnecessary. The house is supported by screw piles that you can pull up and reuse when relocating to another site. A low-loader is used to transport the house. The maximum width of 3.50 metres means that no extra transport escort is required, so moving remains affordable. Prize winning idea Model XS has been removed from the BouwEXPO site to make way for a Model S of 27 m².

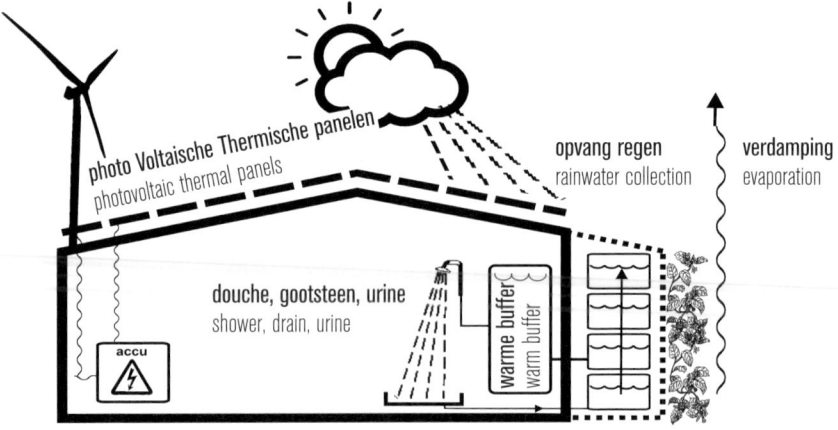

Tiny TIM · FARO architecten, Hans Peter Föllmi

Op de BouwEXPO is het prijswinnende idee, Model XS, weggereden om plaats te gaan maken voor Model S.

Prize winning idea Model XS drove away from the BouwEXPO site to make way for a Model S of 27 m².

Tiny TIM · FARO architecten, Hans Peter Föllmi

Bouwkundige tekening voor de aanvraag van de omgevingsvergunning, Model S.
Architectural drawing submitted for environmental permit, Model S.

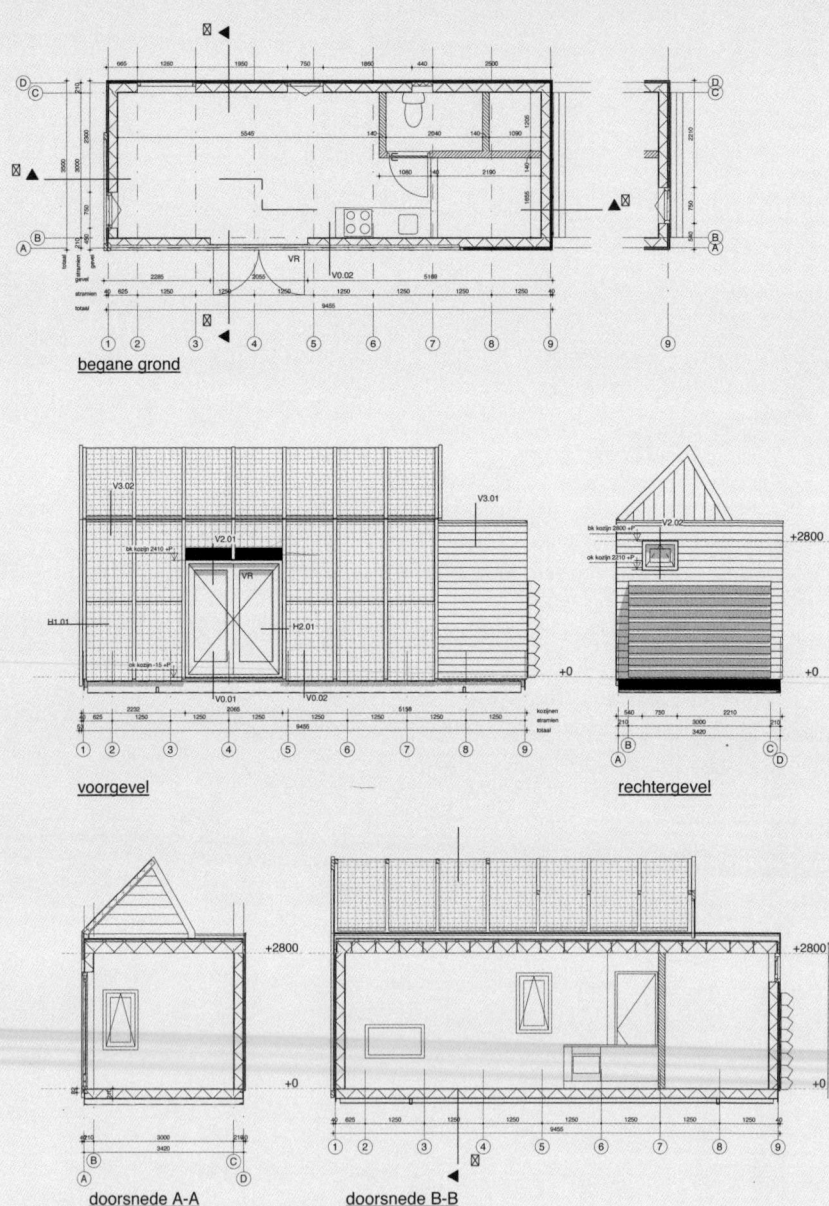

Tiny TIM · FARO architecten, Hans Peter Föllmi

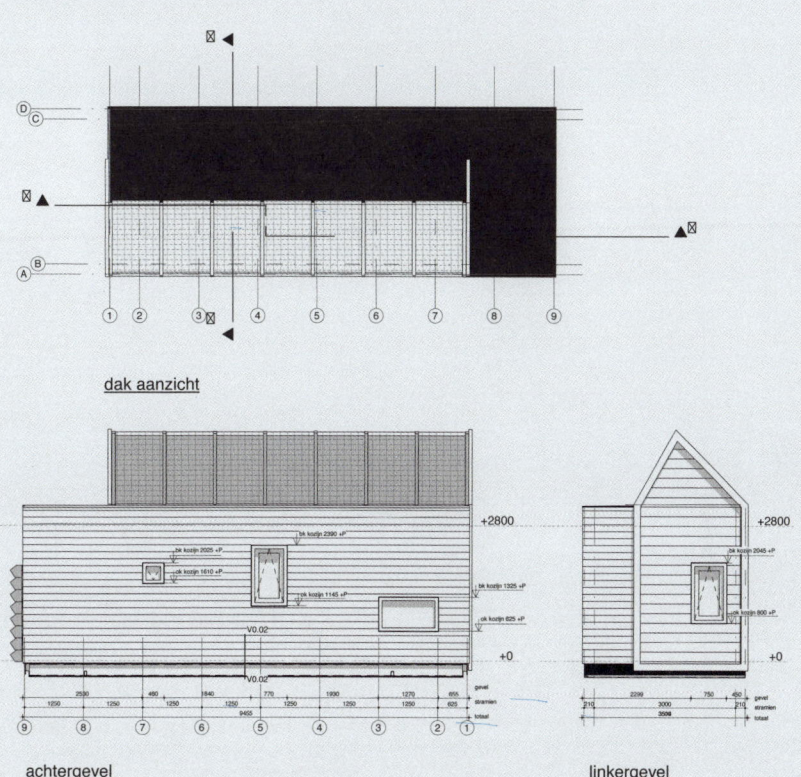

dak aanzicht

achtergevel   linkergevel

Tiny TIM · FARO architecten, Hans Peter Föllmi

Tiny Towers · House of Architects

KONING VAN HET BOUWBLOK

KING OF THE BLOCK

178

Project information

Clients: 3 private clients
Winners: HOUSE OF ARCHITECTS, Geurt Holdijk, Guus Peters
Contractor: Hout en Huis in Stijl, Wormerveer
Construction period: 6 months
Gross floor area per Tiny Tower: 50 m²
BouwEXPO site: north house 19 m²; middle house 17 m²; south house with garden 33 m².

Tiny Towers · House of Architects

'Tiny Towers is het concept om op de kopse kant van een rijtje eengezinswoningen één kavel op te knippen in drie kleine zelfbouwkavels. Hiermee wordt een nieuwe woningtypologie aan Almere Poort toegevoegd', schrijven de indieners bij hun inzending.

'Tiny Towers is a concept to divide one site at the end of a terrace of houses into three self-build sites. This adds a new housing typology to Almere Poort,' the designers write in their competition submission.

Bij het uitschrijven van de prijsvraag had het stadsbestuur de jury gevraagd een zo breed mogelijk palet uit de aangedragen ideeën te selecteren. De BouwEXPO gaat immers over méér dan alleenstaande kleine huisjes; ook prototypes van te schakelen en stapelen woningen horen bij het experiment. Tiny Towers biedt een oplossing om kleine woningen naadloos in te passen in de woonwijken die voornamelijk uit eengezinswoningen bestaan. In plaats van de kavel van een hoekwoning te gebruiken voor één gangbare eengezinswoning wordt de kavel voor drie woningen benut. Zo ontstaan drie kleine 'woontorens' met elk een woonoppervlak van 42 m².

Een eigen voordeur

Het viel Geurt Holdijk en Guus Peters op dat de huizen aan het begin en einde van een rijtje vaak hetzelfde zijn als alle andere 'tussenwoningen'. Het potentiële voordeel van de kopse gevels waarin juist meer ramen en deuren gemaakt kunnen worden,

In organizing the competition, the city council asked the jury to select the widest possible range of ideas. After all, the Bouw-EXPO is about more than tiny freestanding houses, and prototypes of detached and stacked houses are also very much part of the experiment. Tiny Towers offer a solution for seamlessly integrating tiny houses into neighbourhoods made up for the most part of single-family houses. Instead of using a corner site for one standard family home, the architects use the site for three houses. This resulted in three tiny 'living towers', each offering 42 m² of living space.

A front door of your own

Geurt Holdijk and Guus Peters noticed that houses at the ends of terraces are often the same as all the houses in-between. The potential advantage of the ends of terraces, where more doors and windows can be made, is therefore left untapped. In practice, these end houses are even viewed negatively because of the more expensive area

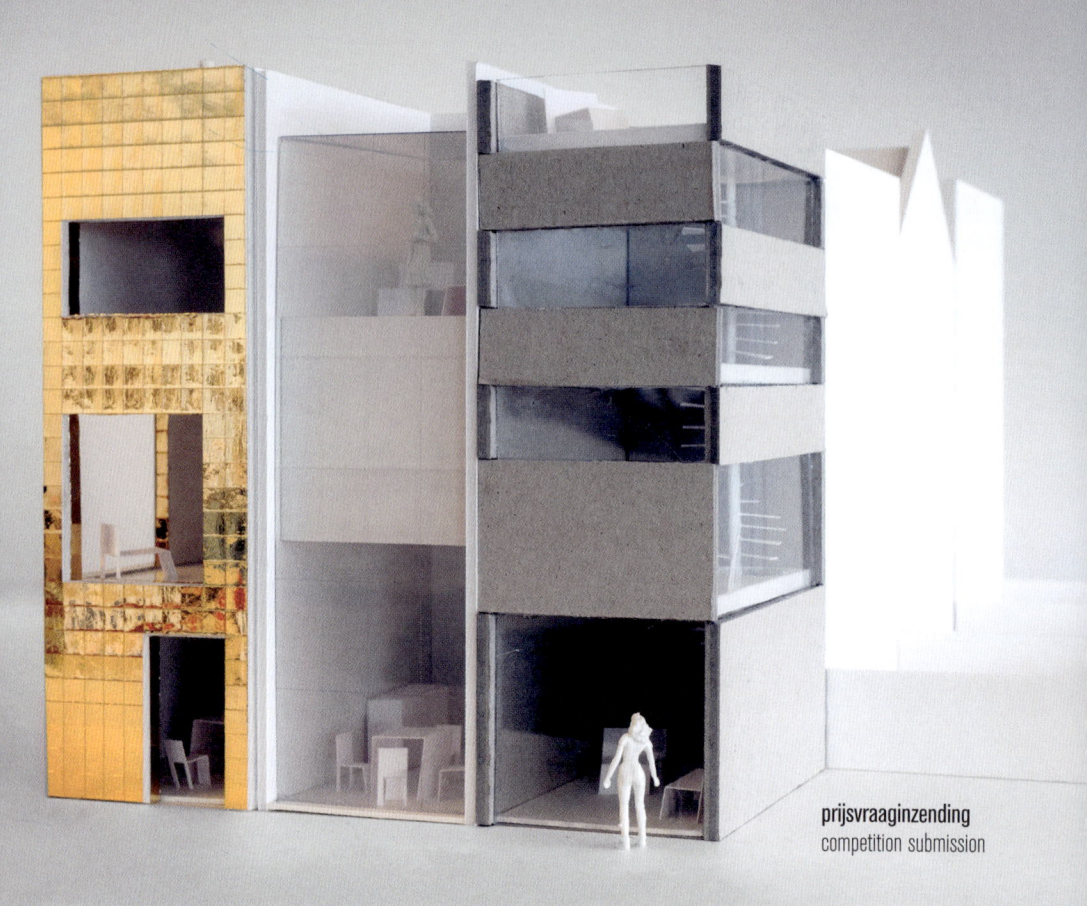

prijsvraaginzending
competition submission

wordt niet benut. In de praktijk worden deze koppen zelfs gezien als een nadeel vanwege de duurdere meters te isoleren buitengevel. Het bracht ze bij hun idee: drie kleine torens, waarbij iedere bewoner zijn eigen voordeur heeft en zelf kan bepalen hoe zijn woning er van binnen uitziet. Stel je voor dat de Nederlandse rijtjes voortaan op de koppen ramen en deuren krijgen; dat het klassieke rijtje in plaats van aan acht gezinnen plek gaat bieden aan zes gezinnen én zes alleenwonenden. Voor starters en het groeiend aandeel eenpersoonshuishoudens is dit een oplossing. De tuin kan ook gebruikt worden voor drie bergingen of parkeerplaatsen.

of exterior wall to insulate. That gave the architects an idea: three small towers, each with its own front door, and the occupants can decide how to arrange their interior. Just imagine that from now on your typical Dutch terrace of houses has doors and windows at its ends, and that it can accommodate not eight families but six families and six singles. This is perfect for starters and the growing numbers of single-occupant households. The garden can be used for three sheds or parking spaces.

funda

After winning the competition, the architects posted their design on the funda property

Tiny Towers · House of Architects

Jury:

'Een inspirerend idee met een potentie die met name in een binnenstedelijke context past.'

Jury: 'An inspiring idea with lots of potential, especially in city centres.'

funda
Na het winnen van de prijsvraag, publiceerden de ontwerpers hun ontwerp op funda. Het architectenbureau trad zelf op als ontwikkelaar. De belangstelling was groot. Een deel van de aanvankelijke gegadigden viel af. Sommigen kregen de financiering niet rond, weer anderen vonden het toch te spannend. 'Dat komt ook omdat mensen veelal nog het huis waarin ze zijn opgegroeid in gedachte hebben. En dit is toch echt een heel ander concept.' Geen twee toiletten, maar bijvoorbeeld wasmachine en droger in één en steile trappen. Tiny housing is een bijzondere keuze. 'Je hebt minder ruimte, dus je moet ook dingen laten', aldus Guus Peters.

Van winnend idee naar realisatie
Op het BouwEXPO-terrein zijn de drie Tiny Towers niet als kop van een rijtje gebouwd. Vandaar de blinde achtergevel. Wat Holdijk en Peters betreft zijn de Tiny website. The architecture firm also acted as developer. The response was huge. A number of the initial candidates soon dropped out, some because they failed to secure funding and others because it was all too tense. 'People generally have their childhood house in mind. And that's a totally different concept. That house probably had two toilets, while this one has a combined washing machine and dryer and a steep stairs. Tiny housing is a conscious choice. You have less space, so you have to do without things,' explains Guus Peters.

From winning idea to completion
The three Tiny Towers on the BouwEXPO site are not built at the end of a terrace. Hence the blank rear facade. As far as Holdijk and Peters are concerned, the Tiny Towers are just the prelude to much more. They can be added to the ends of terraces of houses or grouped 'in clusters of four or six Tiny Towers in two rows of two or three, back-to-back, or as independent blocks.

Tiny Towers · House of Architects

Tiny Towers als beëindiging van een bouwblok, of als groepjes van 4, 6 of meer woningen.

Tiny towers as termination of a building block, or as clusters of four, six or more homes.

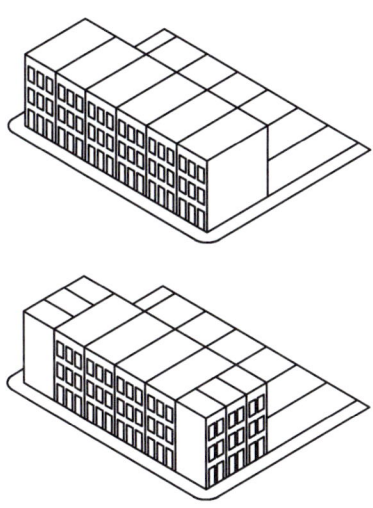

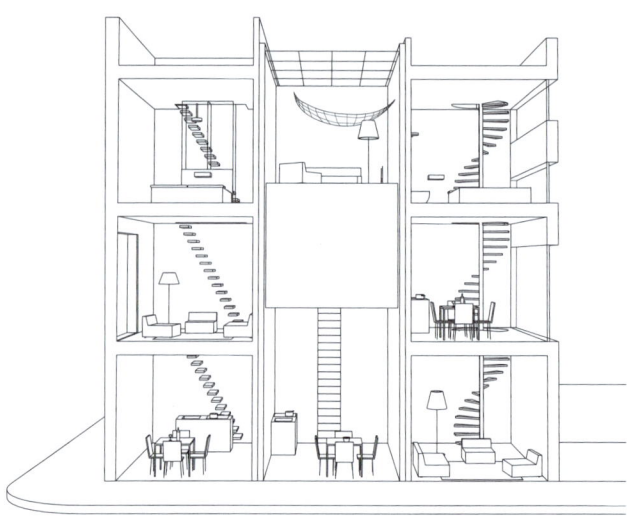

Zelfbouwers kiezen zelf de hoogte van hun vloeren.
Home builders choose the height of their floors.

Towers de opmaat naar veel meer: bedoeld als beëindiging van een bouwblok, maar ook goed denkbaar om 'in groepjes van vier of zes Tiny Towers in twee rijen van twee of drie, rug- aan-rug of als zelfstandig bouwblok te bouwen. Zo kan de wens van velen in vervulling gaan, om in een klein huis in je geliefde buurt, dichtbij familie en vrienden te (blijven) wonen'.
In het winnend ontwerp werd voorgesteld om de drie kleine kavels als zelfbouwkavels uit te geven 'zodat iedereen de vrijheid heeft om zijn eigen woning in te richten en vorm te geven, zonder onderdeel te zijn van een collectief woongebouw. Drie "towers" die direct aan de stoep staan'. Ieder huis met een eigen kavel die ook als zodanig kadastraal geregistreerd is. In het casco van dragende gevels en woningscheidende wanden kunnen opdrachtgevers naar wens op elke hoogte vloeren aanbrengen.

And they can make the wishes of many people come true: to move into a tiny house in a favourite neighbourhood, or remain living there, close to family and friends'. The winning design proposed to make the three small sites available as self-build sites 'so that everybody can enjoy the freedom to determine the design and layout of their own home, without being part of a collective housing project. Three towers positioned along the sidewalk.' Each house on its own site, and categorized as such in the land register. Clients can insert floors into the shell of loadbearing and partition walls at any height they wish.
The Tiny Towers were built in one go on the BouwEXPO site. In that sense, the original winning idea deviated from what was eventually built. Instead of three separate self-build sites and three different facades, a single permit was issued. And

Tiny Towers · House of Architects

start bouw, zomer 2018
start of construction, summer 2018

De Tiny Towers zijn op de BouwEXPO in één keer gebouwd. In dat opzicht verschilt het winnende idee van de realisatie: in plaats van drie afzonderlijke zelfbouwkavels en drie verschillende geveltjes is het één uitgifte geworden. Bij de uitwerking is de keus gemaakt voor één type baksteen en kozijn.

'Door het toepassen van daklichten en grote ramen voelen de ruimtes van 3 bij 4,5 meter aangenaam ruim. Hierdoor hebben we wel zonnepanelen op het dakterras nodig om aan de EPC-norm uit het Bouwbesluit te voldoen. Verder zijn wij geen problemen tegengekomen waardoor ons plan niet vergund had kunnen worden,' aldus Holdijk en Peters. Doordat de bewoners zelf opdrachtgever zijn, wordt op een aantal onderdelen lichter getoetst. De trappen mogen bijvoorbeeld iets smaller en steiler zijn en een verplichte buitenruimte en berging hoeven niet.

De gevelbekleding bestaat uit een Duitse baksteen die een iets groter formaat kent dan zijn Nederlandse evenknie. Deze is op zijn kant geplaatst, waardoor een deukje in de steen zichtbaar wordt en het licht gedurende de dag met de gevel speelt.

in the detailing, it was decided to use one type of brick and one type of frame.

'The use of skylights and large windows make the 3-by-4.5-metre spaces feel pleasantly spacious. We did need solar panels on the roof terrace to achieve the EPC standard specified by the Dutch Buildings Decree. Apart from that, however, we didn't encounter any problems that could have prevented our design from being issued a building permit,' add Holdijk and Peters. Because the occupants were also the client, some Buildings Decree requirements were not as stringently enforced. For example, they could make a slightly narrower and steeper stairs, and the required outdoor space and storage space were not insisted upon.

The facade is detailed in German bricks that are slightly larger than their Dutch equivalent. These are placed on their sides so that 'dents' in the brickwork are visible and the changing light alters the appearance of the facade over the course of the day.

Niet weggestopt in een anoniem flatgebouw, maar net als de buren een eigen huis en een eigen kavel.

Not banished to some anonymous flat, but in a house of your own, like the neighbours.

Tiny Towers · House of Architects

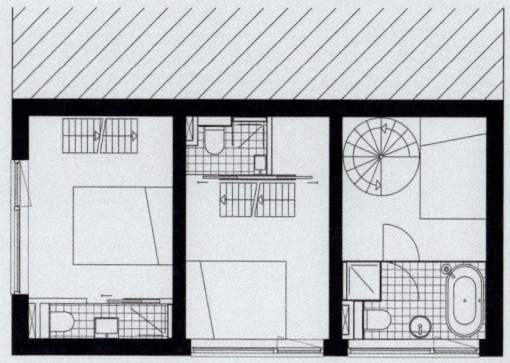

plattegronden van gerealiseerd plan
floor plans of project as built

tweede verdieping
2nd floor

eerste verdieping
1st floor

begane grond
ground floor

Wikkelhouse · Oep Schilling, Rick Buchter

EEN DUURZAAM

WIKKELHOUSE: KARTONNEN HUIS

WIKKELHOUSE: A SUSTAINABLE CARDBOARD HOUSE

Project information

Client: Wikkelhouse
Winners: Oep Schilling and Rick Buchter
Design: René Snel and Fiction Factory, Amsterdam
Producer: Wikkelhouse BV, Amsterdam
Construction period: 4 weeks, and one day to assemble on site
Gross floor area: 40 m^2 (the prototype at the BouwEXPO consists of 8 segments)
BouwEXPO plot: 161 m^2

Wikkelhouse · Oep Schilling, Rick Buchter

Een waterdicht duurzaam huis van karton. Het bestaat echt, het Wikkelhouse van Fiction Factory.

A watertight, sustainable house of cardboard. It really exists, the Wikkelhouse ('Wrap House') by Fiction Factory.

Het ontwerp bestaat uit segmenten van circa 5 m² die makkelijk aan elkaar te koppelen zijn. Je beslist zelf hoe groot je Wikkelhouse wordt. Het kan uit vijf segmenten bestaan, maar ook uit twintig. Het prijswinnende concept bestaat uit acht segmenten en heeft daarmee een bruto vloeroppervlak van 40 m². De binnenruimte is 4,28 m breed en de nok is 3,16 hoog, wat een heerlijk gevoel van ruimte geeft. Door gebruik te maken van virgin fiber- golfkarton als basismateriaal, gemaakt van Scandinavische bomen, is het een lichtgewicht huis. Zo weegt het Wikkelhouse op de BouwEXPO slechts 6000 kg. 'Hierdoor is het huis gemakkelijk te vervoeren met een vrachtwagen. Flexibiliteit staat centraal in het ontwerp', vertelt Oep Schilling, van origine decorbouwer en eigenaar van Fiction Factory.

Karton

Een huis van karton maak je niet zomaar. Dit wordt gedaan met een gepatenteerde methode en een speciale machine. Elk segment bestaat uit 24 lagen golfkarton die om een mal, het casco van het huis, worden gewikkeld. Met milieuvriendelijke lijm worden deze lagen aan elkaar geplakt. Zo ontstaat er een isolerende en zelfdra-

The design consists of segments of about 5 m² which are easy to connect together. You decide for yourself how big your Wikkelhouse should be. It can consist of five segments, or twenty. The prize-winning concept consists of eight segments and has a gross floor area of 40 m². The interior space is 4.28 metres wide and the ridge is 3.16 metres high, which makes for a wonderfully spacious feel. This is a lightweight house thanks to the use of virgin fibre corrugated cardboard made from Scandinavian trees as a basic material. The Wikkelhouse at the BouwEXPO weighs just 6000 kilograms. 'That makes the house easy to transport by truck. Flexibility is the key to the design,' explains Oep Schilling, originally a set designer and now owner of Fiction Factory.

Cardboard

You can't build a house with any old cardboard. It's done using a patented method and a special machine. Each segment consists of 24 layers of corrugated cardboard that are wrapped around a mould, the shell of the house. These layers are stuck together using environmentally friendly glue. The result is an insulating and self-supporting sandwich structure of cardboard. Each segment is protected with a breathable

Wikkelhouse · Oep Schilling, Rick Buchter

Een huis om van te houden.

A house to cherish.

Het past ook in vakantieparken, op daken en op het water.
It's also suitable for holiday parks, on roofs and on the water.

gende sandwichstructuur van karton. Ieder segment wordt vervolgens beschermd met een ademend waterdicht folie. Er is een speciaal segment met badkamer en keuken, zodat er maar twee delen met aansluitingen nodig zijn. Vervolgens wordt het gewenste aantal segmenten aan elkaar gekoppeld en de buitenkant afgewerkt met grenen. En voilà: het Wikkelhouse is af. 'Het meeste materiaal komt van een boom. Het kartonnen Wikkelhouse is in dat opzicht dus vergelijkbaar met een houten huis. Maar dan op een moderne manier', aldus Schilling. Toen hij zijn idee aanmeldde voor de prijsvraag was er al een demo Wikkelhouse. Die was echter nog niet als regulier woonhuis getoetst aan wet- en regelgeving. Het oorspronkelijke idee en ontwerp komt van uitvinder René Snel. Snel ontwikkelde een eerste casco versie in 2000. Maar de machine en de allereerste versie belandden in een schuur waar ze jaren stonden te verstoffen. Totdat Schilling ermee aan de slag

watertight sheet. There is a special segment containing the bathroom and kitchen so that just two segments need connections to utilities. The desired segments are then connected together and finished with pinewood on the exterior. And that's it: the Wikkelhouse is ready. 'Most of the material comes from a tree. In that sense, the cardboard Wikkelhouse can be compared to a wooden house. But then more modern,' says Schilling. A model Wikkelhouse already existed when he submitted his idea for the competition. However, that had not been tested for compliance with legislation and regulations like a normal private house would have been. The original idea and design is the work of inventor René Snel. He developed a first shell in 2000. But the machine and the very first version ended up in a shed where they gathered dust for years. That was until Schilling got to work on them: 'Snel unintentionally designed a sustainable house with a high standard of

Wikkelhouse · Oep Schilling, Rick Buchter

ging: 'Snel heeft onbedoeld een duurzaam huis ontworpen met een hoog designgehalte. In dat opzicht was hij misschien zijn tijd wel vooruit. 'Het Wikkelhouse wordt in de bedrijfshal van Fiction Factory 'gewikkeld' en in elkaar gezet. Zodra het af is kan het binnen een dag geplaatst worden. De fundering is snel geregeld. Fiction Factory brengt de betonnen funderingsblokken zelf mee. Het Wikkelhouse wordt vervolgens verankerd aan het beton. Om ervoor te zorgen dat de wind geen vat kan krijgen op het huis, is gebruik gemaakt van ronde vormen, net als bij een auto. Ondanks het lichtgewicht karakter kan het Wikkelhouse zich staande houden bij elke windkracht. Het huis is vergund met een omgevingsvergunning voor vijftien jaar. Schilling: 'Dat heeft te maken met de isolatiewaarde van ons gevel-, vloer- en dakpakket. Bij Wikkelhouse is die rondom gelijk omdat het huis "gewikkeld" wordt en er constructief en qua isolerende waarde geen onderscheid is

design. In that sense he was perhaps ahead of his time.' The Wikkelhouse is 'developed' and assembled at the Fiction Factory. As soon as it's ready, it can be erected in a day. The foundations are quickly put in place. Fiction Factory even brings the concrete foundation blocks. The Wikkelhouse is then anchored to the concrete. The house has rounded corners, just like a car, to improve its wind resistance. Despite the lightweight character, the Wikkelhouse can withstand any wind load. The house has received an environmental permit for fifteen years. Schilling: 'That's because of the insulation value of our facade, floor and roof structure. They are all the same in the Wikkelhouse because the design is "wrapped", and no distinction is made between the three elements in terms of structure or insulation. The insulation value is not high enough to be eligible for a permanent building permit. For a temporary permit yes, and in our case that's 15 years.'

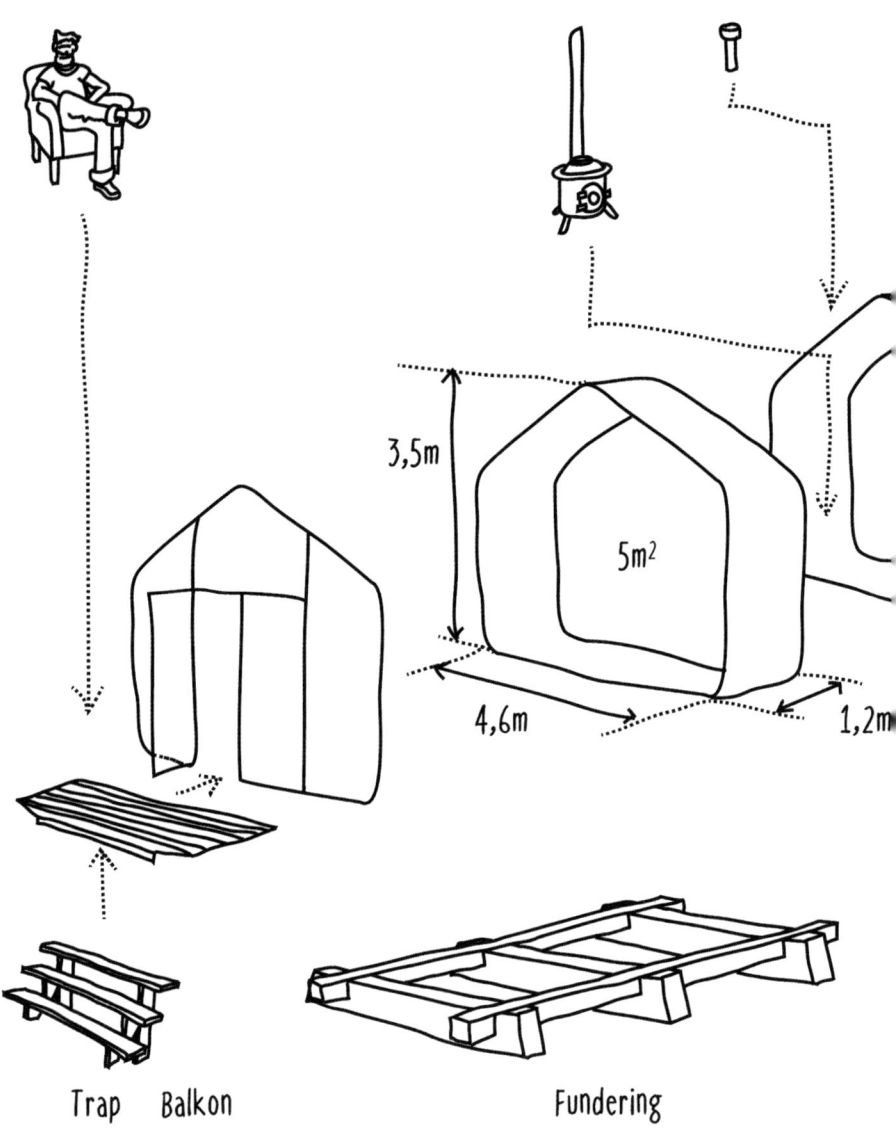

Wikkelhouse · Oep Schilling, Rick Buchter

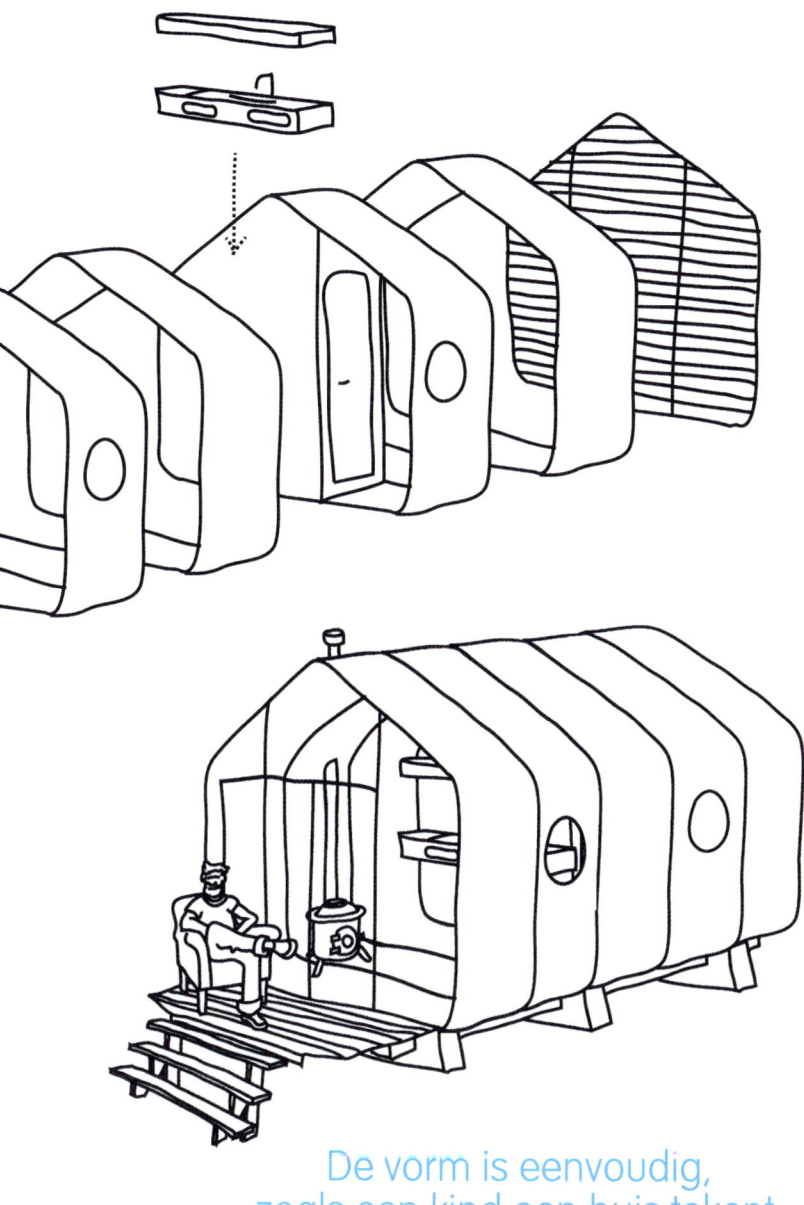

De vorm is eenvoudig, zoals een kind een huis tekent.

The shape is simple, like a house in a child's drawing.

tussen de drie elementen. De isolatiewaarde is niet hoog genoeg om voor een permanente bouwvergunning in aanmerking te komen. Wel voor een tijdelijke en die is in ons geval 15 jaar.'

Drie keer duurzamer dan een gewoon huis

Onderzoekers van de TU Delft pasten een *Life Cycle Assesment* toe op het huisje – een wetenschappelijk model om de totale milieubelasting van een product te bepalen gedurende de hele levenscyclus van 15 tot 30 jaar. Dit toont aan dat het Wikkelhouse drie keer duurzamer is dan conventionele bouw. Met deze methode is gekeken waar bijvoorbeeld het karton vandaan komt, hoe het gewonnen wordt, hoe het op locatie komt, wat ermee gebeurt als het huis afgebroken wordt et cetera. Recyclen vindt Schilling belangrijk. Hij hoopt dat er over een aantal jaren op websites als Marktplaats en Ebay Wikkelhouse-elementen te koop zijn en het mogelijk is om voor een 'prikkie' een gerecycled Wikkelhouse in elkaar te zetten. Fiction Factory onderzoekt hoe de productie opgeschaald kan worden, bijvoorbeeld met een wollen variant. Organisch wol wordt dan gebruikt voor isolatie en het karton wordt vervangen door multiplex, hennep en vlas. Een iets traditioneler ontwerp, even duurzaam als de kartonnen versie, en makkelijk te produceren.

Three times more sustainable than a normal house

Researchers at Delft University of Technology applied a 'Life Cycle Assessment' to the house – a scientific model to determine the total environmental impact of a product during its entire lifecycle of 15 to 30 years. This demonstrates that the Wikkelhouse is three times more sustainable than a conventional building. The calculation is based on where the cardboard comes from, how it is produced, how it's transported to the site, what happens to it when the house is demolished and so on. Recycling is important to Schilling. He hopes that Wikkelhouse elements will be offered for sale on auction-style websites like Marktplaats and Ebay someday, and that it will be possible to assemble a recycled Wikkelhouse for 'next to nothing'. Fiction Factory is studying how to scale up production, for example with a woollen version. Organic wool can be used for insulation and the cardboard can be replaced by plywood, hemp and flax. A somewhat more traditional design, just as sustainable as the cardboard version, and easy to produce.

Jury:

 'Een bestaand ontwerp, waarbij onderzocht wordt of het ook vergund en tijdelijk mogelijk is. Een interessant experiment.'

Jury: 'An existing design. Whether it can be issued a permit for temporary occupation is currently being studied. An interesting experiment.'

Wikkelhouse · Oep Schilling, Rick Buchter

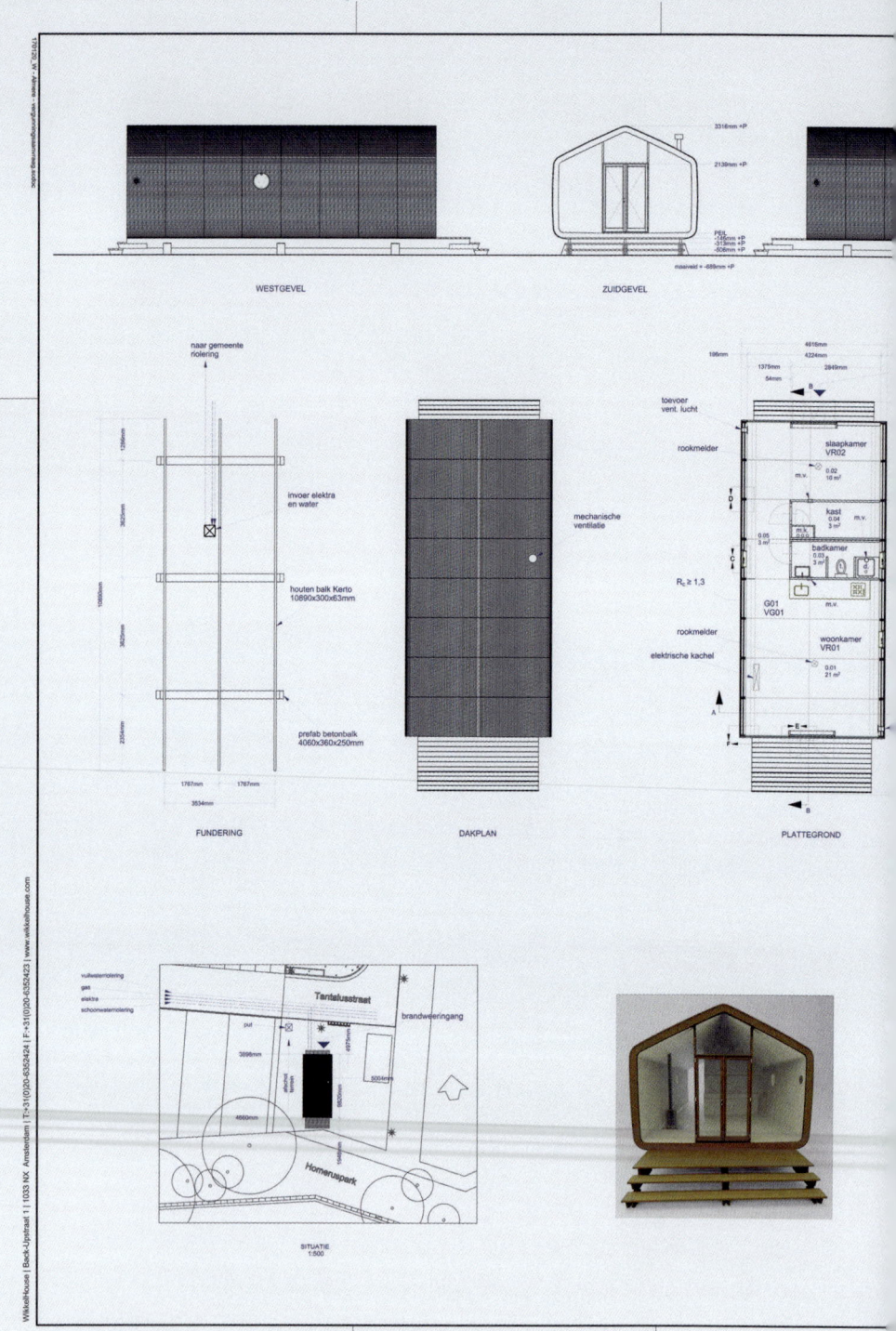

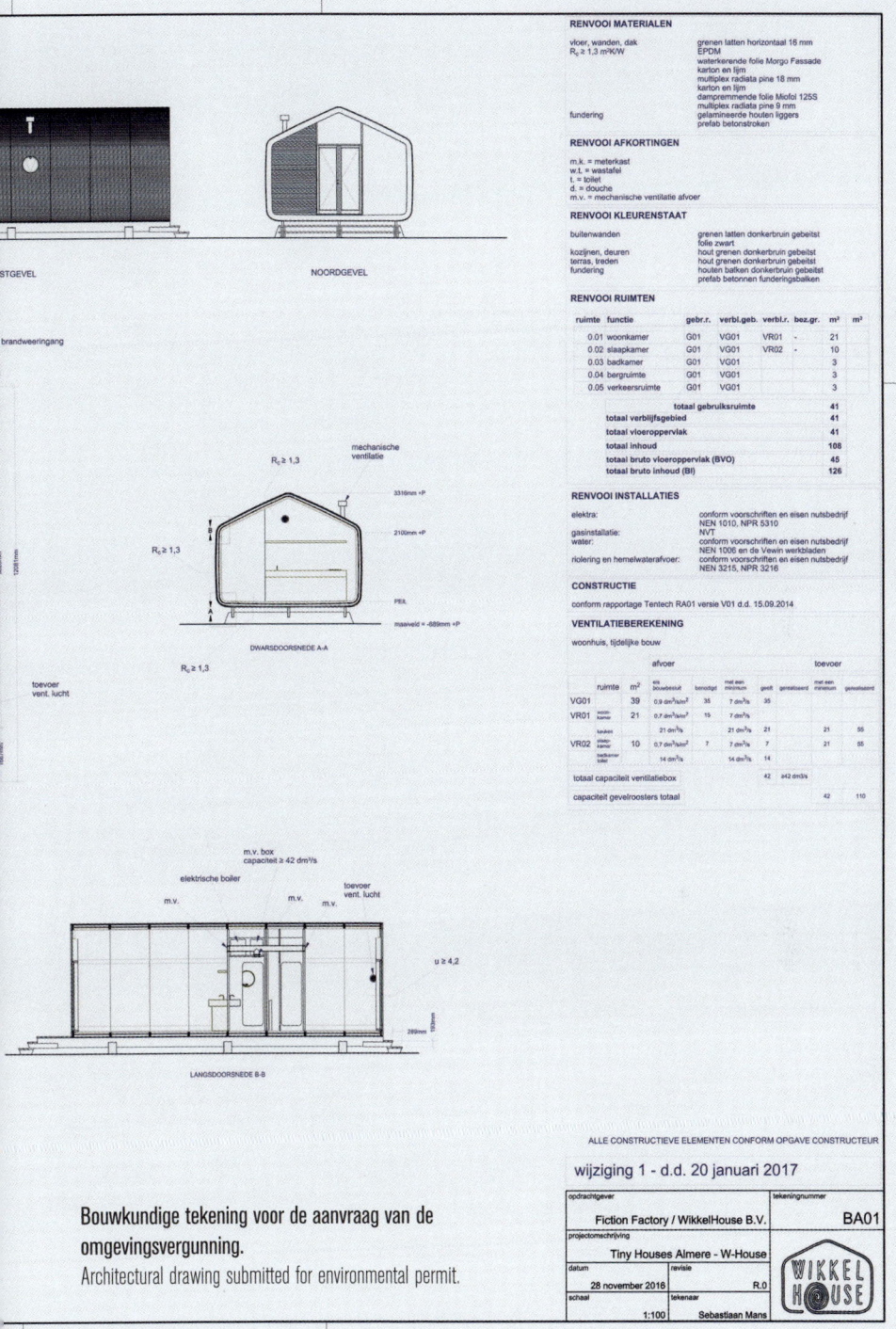

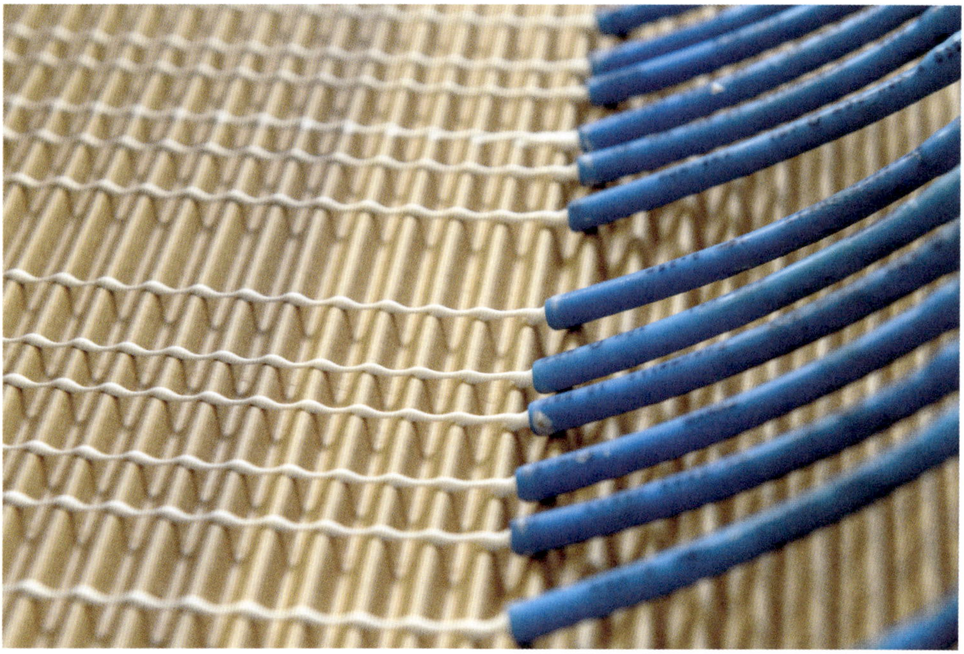

Wikkelhouse · Oep Schilling, Rick Buchter

Dometastic · Mustafa Anbar

EEN DERDE MINDER MATERIAAL

A THIRD LESS MATERIAL

208

Project information

Under development
Client: Louise Erhardt
Winners: Mustafa Anbar and
Gerrit Leffering
Contractor: EPS Bouw, Venray
Engineer: Goudstikker De Vries, Assen
Construction period: 3 months
Gross floor area: 50 m²
BouwEXPO site: 91 m²

prijsvraaginzending
competition submission

Dometastic · Mustafa Anbar

Een kleine footprint en door de koepelvorm toch veel inhoud. Dometastic kent een bijzondere vorm met 27 vijf- en zeshoeken. Zo ontstaat een geodetische koepel met veel bewegingsvrijheid en een ruimtelijk gevoel.

A small footprint but a big volume, thanks to the dome. Dometastic is a striking shape composed of 27 pentagons and hexagons, resulting in a geodesic dome with plenty of freedom of movement and a sense of space.

'Net zoals een iglo', zegt de pas aan de Technische Universiteit Eindhoven afgestudeerde bouwkundige Mustafa Anbar. Hij deed samen met Gerrit Leffering, vroegere medestudent op de Hanzehogeschool Groningen, mee aan de prijsvraag. De twee wilden een uniek ontwerp maken. 'Alle vormen op de huizenmarkt lijken hetzelfde. Daar wilden we aan ontsnappen.'

Bolvorm

Het eerste ontwerp, gebaseerd op zeventig driehoekige panelen, belandde in de prullenbak. Het bleek te duur om de elementen aan elkaar te maken. Anbar versimpelde het ontwerp naar 27 vijf- of zeshoekige panelen en halve varianten daarvan. 'Het realiseren van de aansluitingen van de hoeken is arbeidsintensief. Vandaar

'Just like an igloo,' says Mustafa Anbar, a recent architecture graduate from Eindhoven University of Technology. He entered the competition together with Gerrit Leffering. The pair had studied together at the Hanze University of Applied Sciences, and now they wanted to create a unique place. 'All houses on the market look similar. We wanted something else.'

Spherical

The first design, based on seventy triangular panels, ended up in the bin. It proved too expensive to connect the components together. Anbar simplified the design into 27 pentagonal and hexagonal panels and half-panels. 'Making the connections at the angles is labour intensive. Hence the need to simplify.' Each panel in the revised

deze versimpeling.' In het bijgestelde ontwerp is elk paneel onder een eigen hoek geplaatst. Er is geen verticaal paneel te vinden, wel één horizontaal paneel: het dakpaneel met een dakraam. 'Het ontwikkelen van solide, duurzame, water- en luchtdichte verbindingen was de grote truc', aldus Anbar.

Het ontwerp heeft twee belangrijke voordelen. 'In vergelijking met een rechthoekig huis van hetzelfde formaat, heeft een koepelvormig huis 30% minder geveloppervlakte. Om een koepelvormig huis te bouwen is dus een derde minder materiaal nodig. Tegelijkertijd is een koepelvormig huis tot vijfmaal sterker dan een rechthoekige woning', stelt Anbar. Bovendien betekent een derde minder schiloppervlakte, dat een derde minder warmte wordt afgedragen aan de omgeving. Waarmee een gemiddeld huishouden veel energie bespaart. Anbar maakte zijn ontwerp voor een één- of tweepersoonshuishouden. 'Voor de hardwerkende middenklasse zijn er weinig betaalbare vrijstaande woningen beschikbaar. Met dit kleine huis willen we daar een oplossing voor bieden, door te voorzien in comfort en voldoende leefruimte.' Voor Anbar, destijds nog student, was het een verrassing dat hij een van de winnaars was.

De koepel heeft een diameter van 7 meter en is 5,5 meter hoog. Op de begane grond zijn de keuken, het woongedeelte, een badkamer en de installatieruimte. De entresol die aan drie kanten vrij hangt, kan als slaap- en werkruimte worden gebruikt. Door het dakraam zie je vanuit je bed de sterrenhemel. Het ontwerp heeft een bruto vloeroppervlakte van 50 m². De bouwkundige schil is uit EPS (Expanded Polystyrene, in de volksmond ook wel piepschuim genoemd) vervaardigd en kan in elke gewenste kleur worden gemaakt.

design is set at its own angle. There is not a single vertical panel, and just one horizontal panel: the roof panel with a skylight. 'Developing solid, sustainable, waterproof and airproof connections was the big challenge,' says Anbar.

The design has two important advantages. 'The surface area of a domed house is 30% smaller than that of a rectangular house of the same size. So you need a third less material to build a dome-shaped house. At the same time, a dome-shaped house is up to five times stronger than a rectangular house,' adds Anbar.

Moreover, reducing the surface area of the envelope means reducing heat loss to the surroundings by a third. That saves a lot of energy for the average household. Anbar designed the structure with one or two occupants in mind. 'There aren't many affordable freestanding homes available for the hard-working middle class. This small house is intended as a solution by providing comfort and sufficient living space.' For Anbar, still a student at the time, it was a surprise to be among the winners.

The dome is 7 metres in diameter and 5.5 metres in height. On the ground floor are the kitchen, living area, bathroom and installation space. Open on three sides, the mezzanine can be used as a sleeping or working area. The skylight offers a view of the stars from bed. The design has a gross floor area of 50 m². The structural envelope is made of EPS (Expanded Polystyrene, or Styrofoam as it's commonly called) and can be any colour you want.

Grand living

Connected to an air-to-water heat pump, the house features electrical floor heating, a mechanical ventilation system and solar panels. 'It is a future-proof house,' asserts Anbar. 'The Building Code demands a floor insulation value of 3.5.

Dometastic · Mustafa Anbar

Groots wonen

De woning is aangesloten op een lucht warmtepomp, elektrische vloerverwarming, een mechanisch ventilatiesysteem en zonnepanelen. 'Het is een toekomstbestendig huis', stelt Anbar. 'Het Bouwbesluit vereist voor vloerisolatie een waarde van 3,5. Die van ons heeft een isolatiewaarde van tegen de 9.'

Anbar vond via een makelaar een koper. Het huisje is op het moment van spreken nog niet gerealiseerd. 'De engineering kost tijd. Vooral het uitwerken van de constructie. Het gaat over heel veel hoeken, waarbij je de krachtafdracht in een softwaresysteem moet zetten.' Het voordeel is wel dat de bouw snel gaat, aldus Anbar. De bouwvlakken worden in de fabriek aan elkaar gekoppeld en per vrachtwagen naar het terrein vervoerd. Ter plaatse kun je het geheel dan aan elkaar klikken. Heipalen en een funderingsvloer houden Dometastic op zijn plaats. 'Na realisatie in Almere maken we even pas op de plaats. Ik wil eerst zien of de eerste huizen bevallen. Wellicht moeten we op basis daarvan aanpassingen doen. Als het bevalt, gaan we verder!'

Ours has an insulation value of almost 9.' Anbar found a buyer through an estate agent. At the time of writing, the house has not yet been built. 'The engineering takes time, especially the constructional aspects. There are so many angles, and the transfer of forces has to be translated into a software system.' The advantage is that construction will be fast, adds Anbar. The panels are attached to one another in the factory and delivered to the site by truck. There they are simply clicked together. Building piles and a floor substructure keep Dometastic in position. 'After finishing up in Almere I plan to wait a bit to see how things work out with the first houses. We'll probably make some adjustments on that basis. If everything goes right, we'll move forward!'

De gevel kan iedere gewenste kleur krijgen.

The facade can be any colour you want.

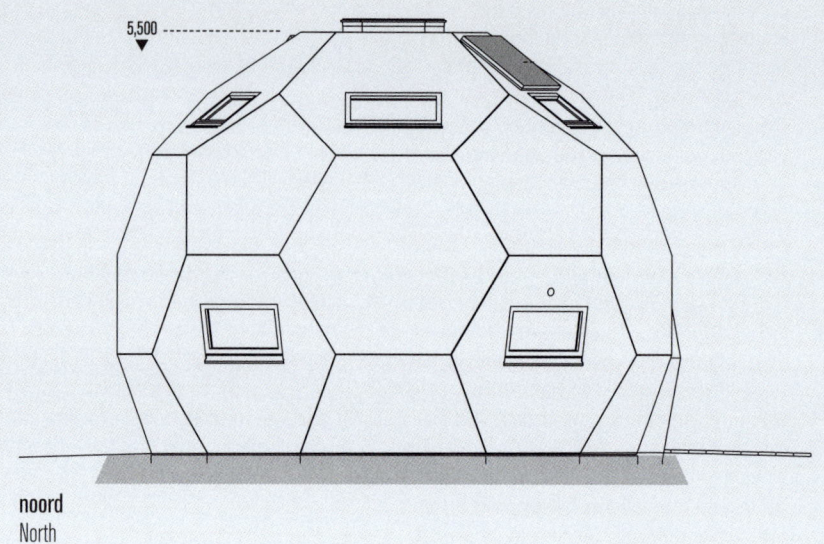

noord
North

Door het dakraam zie je

The skylight offers

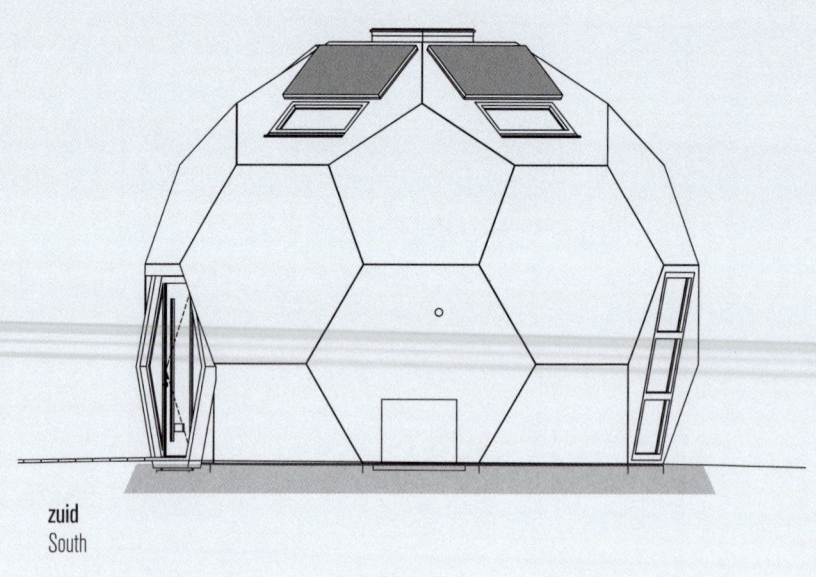

zuid
South

Dometastic · Mustafa Anbar

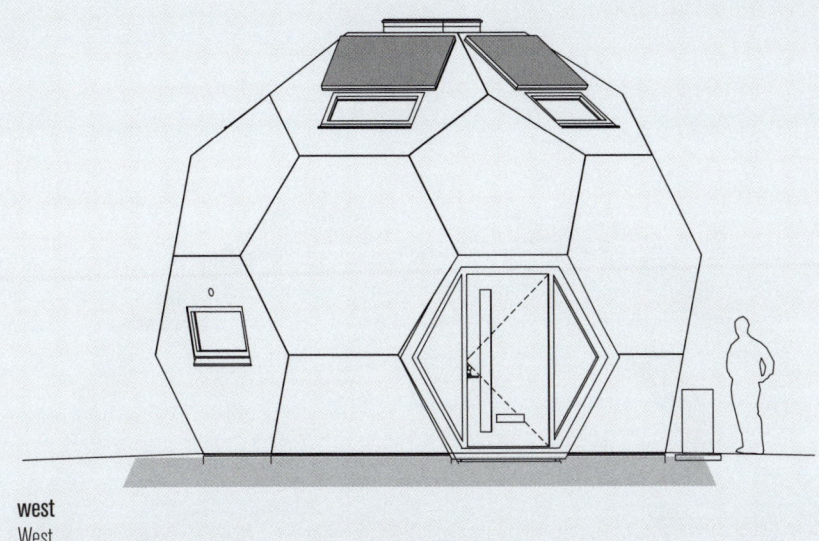

west
West

...anuit je bed de sterrenhemel.
...ew of the stars from bed.

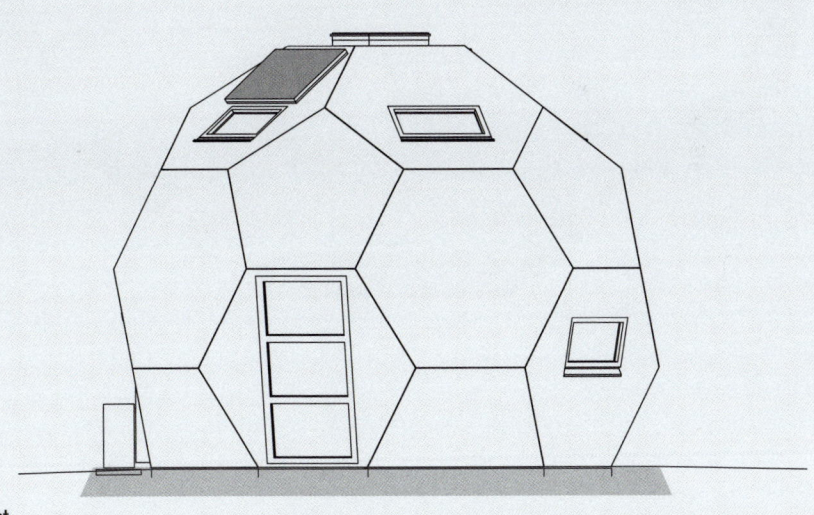

oost
East

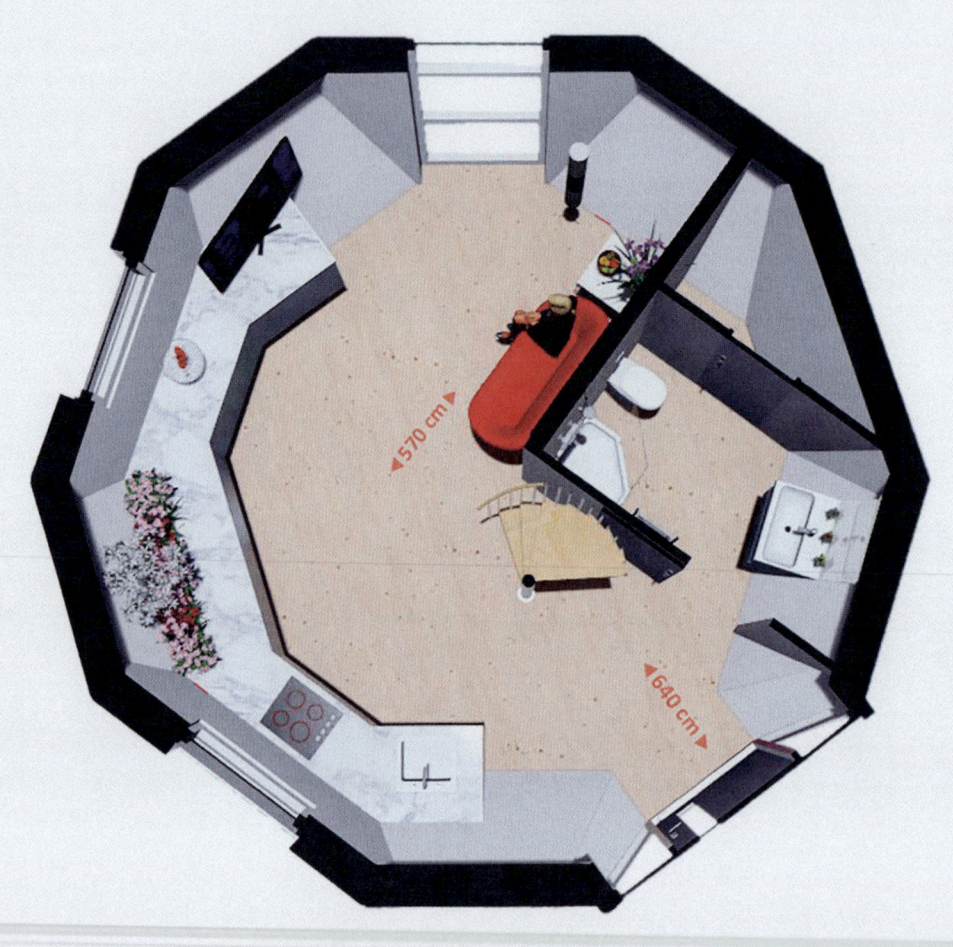

begane grond
ground floor

Dometastic · Mustafa Anbar

» Logeren in een bijzonder huis!

Staying in a remarkable house!

Bed zonder ontbijt Louise Erhardt, woonachtig in Almere, heeft het huis gekocht. Het is haar plan om er een bed no breakfast in te beginnen. Erhardt kwam het huisje op het spoor via funda. 'Ik was al geïnteresseerd in een ander tiny house, maar de realisatie daarvan ging niet door. Ik zag in Dometastic een mooi alternatief en ben me erin gaan verdiepen. Ik vind het een prachtig ontwerp.' Het concept van klein wonen trekt Erhardt. 'In mijn jeugd woonde ik hele zomers op 30 m² in een volkstuincomplex in Amsterdam. Je hebt eigenlijk veel minder ruimte nodig dan je denkt.' Toch gaat ze zelf (nog) niet wonen in Dometastic. 'We zijn met zijn vieren, dus dat zou onmogelijk zijn. Voor nu verhuur ik het aan gasten en zie ik het als een mooie investering. Mocht een van de kinderen het zien zitten om er te wonen, dan mag dat. Almere ligt mooi centraal in Nederland. Ik verwacht geen problemen om het huisje verhuurd te krijgen.' Het huisje heeft een eigen website: www.tinybnb.nl

Bed without breakfast Louise Erhardt, a resident of Almere, has bought the house. She plans to turn it into a 'bed no breakfast'. Erhardt found the house on the funda property website. 'I was already interested in another tiny house, but its planned construction didn't go through. I saw Dometastic as a great alternative and looked into it. I think it's a wonderful design.' The concept of tiny living appeals to Erhardt. 'When I was young I spent whole summers living on 30 m² on an allotment garden complex in Amsterdam. You actually need far less space than you think.' Even so, she herself won't live in Dometastic, at least not yet. 'There are four in my family, so that would be impossible. For the time being, I'm going to rent it to guests and use it as an investment. If one of my children ever wants to live here, they're welcome. Almere is centrally located in the Netherlands. I expect no problems in renting the house.' It already has a website of its own: www.tinybnb.nl

Een heel leven onder dak · Marcel Hoekstra, Marjon Meurs

DOEN MET WAT ERTOE DOET

USING WHAT MATTERS

Project Information

Runners-up: Marcel Hoekstra and Marjon Meurs
Construction period: 10 months
Gross floor area: 18 m²
BouwEXPO site: 63 m²

Comfortabel wonen met een zo gering mogelijke ecologische voetafdruk.

Comfortable living with the smallest possible ecological footprint.

prijsvraaginzending
competition submission

De jury kende een eervolle vermelding toe aan 'Een heel leven onder dak' van Marcel Hoekstra en Marjon Meurs. Na afloop van de Grote Tiny Manifestatie in oktober 2017 verbleef hun verrijdbare huis tot maart 2018 op het BouwEXPO-terrein.

The jury awarded an honourable mention to 'A whole life under roof' by Marcel Hoekstra and Marjon Meurs. After the Big Tiny Event in October 2017, their mobile house remained on the BouwEXPO site until March 2018.

Een heel leven onder dak · Marcel Hoekstra, Marjon Meurs

In hun inzending schreven Hoekstra en Meurs dat ze in hun tiny house willen leven met spullen die voor hen belangrijk zijn. Ze houden van lezen. En, ondanks het feit dat er inmiddels veel boeken op hun e-readers staan, is er ook nog wel ruimte voor een boekenkast in hun tiny house. Uitgebreid koken vinden ze wat minder belangrijk; de keuken is dus bescheiden. En geslapen wordt er op een slaaploft. Die is met een trap, die van binnen als kledingkast dient, te bereiken.

Tijdelijk op de BouwEXPO

Het huis heeft enige tijd op de BouwEXPO gestaan. Bij het lezen van de Almeerse gemeentelijke grondovereenkomst en de aanvraag van de omgevingsvergunning kwam de vraag op of hun huis daarmee redelijkerwijs in overeenstemming te brengen zou zijn. 'Niet dus', was de conclusie: 'Om waar het ons in aanleg allemaal om begonnen is: bescheiden en eenvoudig leven, gaat dit niet meer. Het gaat ons om comfortabel wonen met een zo gering mogelijke ecologische voetafdruk in een desalniettemin maatschappelijk blijvende context. En zonder dus afbreuk te willen doen aan aspecten als brandveiligheid en andere veiligheidsrisico's. Maar dit Almeerse kader is onze jas niet,' zegt Hoekstra.

Genoeg nemen met genoeg

Wij bleven daarom 'toch maar niet' en vertrokken naar Woldwijk, een omgevingswetproeftuin in Ten Boer, provincie Groningen. Daar nemen zij in het project Tiny Housing deel aan de totstandkoming van een op termijn zelfvoorzienende tiny woonwijk met als credo: 'Genoegen nemen met genoeg'. De bewoners van Woldwijk ontwerpen hun eigen zelfvoorzienende huis en bouwen dat ook zelf. In een – met nadruk – van Ten Boer deel uitmakende woonwijk.

In their submission, Hoekstra and Meurs wrote that they want to live in a tiny house with the things that matter to them. They like reading. And despite the fact that they now have lots of books on e-readers, there is still space for a bookcase in their tiny house. Elaborate cooking is less important to them, so the kitchen is modest. And they sleep on a loft that is accessed by a stairs that doubles as a wardrobe.

Temporarily on the BouwEXPO

The house stood on the BouwEXPO for some time. In reading the Almere municipal lease agreement and the application form for an environmental permit, they wondered whether their house could reasonably be made to meet requirements. 'No', they decided. 'What mattered to us at the outset, living modestly and simply, was no longer possible. For us, it's about living comfortably with the smallest possible ecological footprint in what is nevertheless a socially permanent context. In other words, without undermining aspects such as fire safety and other safety risks. But this Almere framework is not for us,' concludes Hoekstra.

Settling for enough

'In the end we upped and left for Woldwijk, an Environmental Planning Bill testing ground in Ten Boer, in the province of Groningen.' There they joined a Tiny Housing project to create what will eventually be a self-sufficient tiny neighbourhood with the motto: 'Settling for enough'. The residents of Woldwijk design their own self-sufficient house and construct it themselves too. In a neighbourhood that is very much part of Ten Boer.

Royaal wonen in 't klein · NEZZT

COMPACT
CLUSTER VAN
WONINGEN

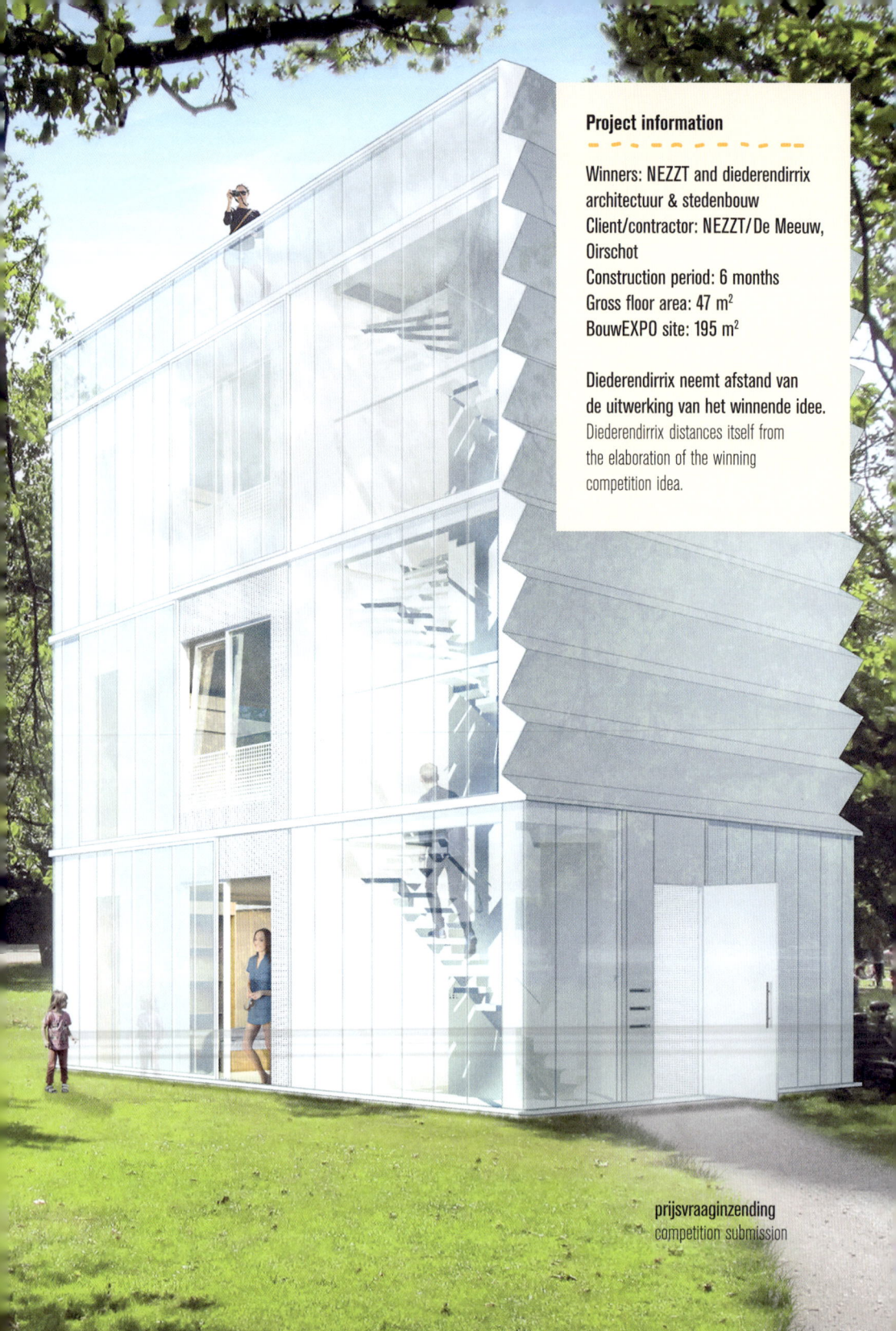

Project information

Winners: NEZZT and diederendirrix architectuur & stedenbouw
Client/contractor: NEZZT/De Meeuw, Oirschot
Construction period: 6 months
Gross floor area: 47 m^2
BouwEXPO site: 195 m^2

Diederendirrix neemt afstand van de uitwerking van het winnende idee.
Diederendirrix distances itself from the elaboration of the winning competition idea.

prijsvraaginzending
competition submission

Wat heeft een mens nodig om te wonen? Die vraag gaf de aanleiding om mee te doen aan de prijsvraag. Het antwoord is 'Royaal wonen in 't klein', drie volledig herbruikbare woningen, 47 m^2 elk, waarvan het interieur 'in een handomdraai' aan te passen is.

What does a person need to live? That question prompted the decision to take part in the competition. The answer is 'Spacious living, small format': three fully reusable houses, each 47 m^2, the interiors of which can be changed 'in an instant'.

Het begin van het idee is een multifunctionele module met een vast formaat van 33 m^2. 'Jouw interieur past zich continu aan jouw veranderende behoeften aan. Zo haal je het maximale uit je woning.' In de prijsvraaginzending verwijzen de geschakelde gevelpanelen van gerecycled kunststof naar de kenmerkende gewassen en verkavelde akkers van Flevoland. Elke akker met zijn eigen gebruik en karakter tijdens de seizoenen. Zo beweegt ook het cluster mee met de momenten van een dag. Het gebruik van de bewoner bepaalt hoe het huis van binnen en van buiten beleefd wordt. Met een slimme kastenwand kun je invulling geven aan verschillende woonwensen. Zo maak je van de woonkamer een slaapkamer, eetkamer of feestruimte. Denk aan het bed dat opklapbaar is en een bank wordt en andere multifunctionele meubels en systemen.

The idea started with a multipurpose module with a fixed size of 33 m^2. 'Your interior constantly adapts to your changing needs. So you get the most out of your house.' In the competition submission the connected facade panels of recycled plastic refer to the distinctive crops and parcelled landscape of Flevoland. Each field has its own crop and character during the seasons. Thus the cluster moves with the moments of the day. The activity of the occupant determines how the house is experienced inside and outside. A smart wall of units can be customized to cater for various living wishes. For example, you can turn the living room into a bedroom, or the dining room into a party room. The foldaway bed can turn into a sofa, or into other multipurpose items of furniture and systems.

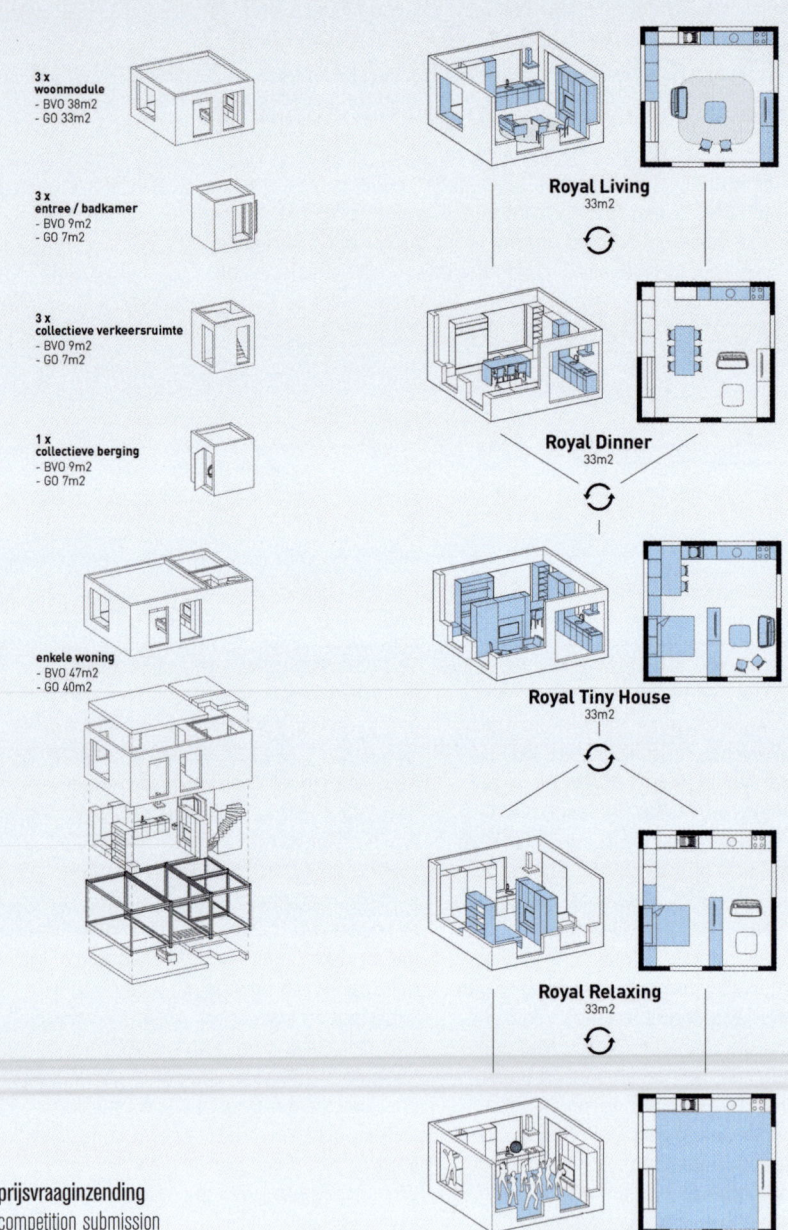

Jury:

'Mooie plattegrond, bijzonder gevelmateriaal van gerecycled plastic en een mooi voorbeeld van een ensemble.'

Jury: 'Good floor plan, special facade material of recycled plastic, and a fine composition.'

Basismodule

De basismodules zijn niet alleen aan te passen, maar ook verplaatsbaar en volledig herbruikbaar. Je kunt de woning ergens anders neerzetten of de modules opnieuw gebruiken in andere projecten. Er is geen afval, geen verspilling. Een voorbeeld is Stek-Oost in Amsterdam. Daar zijn 250 studio's opgebouwd met basismodules uit een voormalig zorgcentrum in Eindhoven. Er wordt gewerkt met een materiaalpaspoort, zodat de herkomst van gebruikte materialen altijd duidelijk is. Het cluster van drie woningen op de Bouw-EXPO voldoet aan de eisen van het reguliere Bouwbesluit. Zo was het bedoeld. Na het winnen van de prijsvraag heeft NEZZT het plan verder zelf ontwikkeld. 'Als wijziging op het winnende ontwerp hebben we om budgettaire redenen het dakterras niet aangebracht', zegt Bas de Haan, directeur van NEZZT. 'Het grote deel van het huis hebben we in de fabriek van De Meeuw gemaakt.' NEZZT levert de woning leeg op, het is aan de bewoner om vorm te geven aan de invulling van de ruimte.

Basic module

The basic modules are not only adaptable but also mobile and completely reusable. You can move the house to a totally different site, or use the modules again in other projects. There is no waste, no squandering. An example is Stek-Oost in Amsterdam, where 250 studios have been built out of basic modules from a former care centre in Eindhoven. A 'material passport' is used so that it's always clear where used materials come from. The cluster of three houses at the BouwEXPO complies with the requirements of the Dutch Buildings Decree. That was the intention.

After winning the competition, NEZZT elaborated the scheme. 'For budgetary reasons we decided to do away with the roof terrace in the winning design,' says Bas de Haan, director of NEZZT. 'We made most of the house in the De Meeuw factory.' NEZZT supplies the house empty, leaving the occupant to decide how to furnish and use the space.

Jouw interieur past zich continu aan jouw veranderende behoeften aan.

Your interior constantly adapts to your changing needs.

Gerecycled kunststof

Het huis is uitgevoerd met een dubbele gevel. De buitengevel is van gerecycled kunststof, oorspronkelijk bedoeld met verschuifbare luiken. In dit prototype is dat nog niet gelukt. Maar de panelen moeten bij toekomstige projecten open kunnen, daar werkt NEZZT nu aan. In de kopse kant van de gevel zitten zonnepanelen (ZigZagSolar), dat zijn in feite de zonnefaçades. Er zit een betonnen vloer in en een stalen skelet houdt het huis bijeen.

'Het huis is volledig elektrisch. Alles is programmeerbaar en af te stemmen op persoonlijke woon- en leefwensen. Omdat we gebruikmaken van een lucht-water-warmtepomp en zonnepanelen komen

Recycled plastic

The house is constructed with a double facade. The outer facade is made of recycled plastic and was originally designed to have sliding shutters, but they weren't ready for this prototype. But NEZZT is now working to ensure that future projects do feature panels that can open. The short facade is fitted with solar panels (ZigZagSolar) and acts almost like a solar facade. The concrete floor supports a steel structure that holds the house together.

'The house is fully electric. Everything can be programmed and customized to suit your personal housing and living wishes. Because we use an air-to-water pump and solar panels, we score better than EPC-0. The pump works like a refrigerator. It extracts

Royaal wonen in 't klein · NEZZT

prijsvraaginzending
competition submission

we beter uit dan EPC-0. De pomp werkt als een koelkast. Het haalt warmte uit de lucht en daarmee verwarmen we het huis. Met warmtewisselaars verwarmen we vervolgens het water. Verder kent het huis hoge isolatiewaardes, hoger dan de minimale eisen', aldus De Haan.
Tot slot: wat was de grootste uitdaging bij dit project? De Haan: 'Zie nieuwe gevels, zonnepanelen en alle andere elementen maar eens samen te smelten tot iets dat klopt en aantrekkelijk is voor bewoners. Innoveren is een bijzonder proces, met een intensieve impact. Het heeft dan ook flink wat moeite gekost om tot dit resultaat te komen. Het doel na dit prototype is om seriematig te produceren.'

heat from the air and so heats the house. Heat exchangers then heat water. In addition, the house achieves high insulation values, higher than the minimal requirements', adds De Haan.
What was the biggest challenge in this project? De Haan: 'Trying to blend new facades, solar panels and all the other elements until everything fits and appeals to occupants. Innovation is a remarkable process, with an intensive impact. It took a considerable amount of work to get to this result. The aim, after this prototype, is to produce the house in series.'

Royaal wonen in 't klein · NEZZT

We hebben gekozen voor de oerkracht van het legosysteem: aanpasbaar en makkelijk verplaatsbaar.

We opted for the primordial power of the Lego system: adaptable and easy to transport.

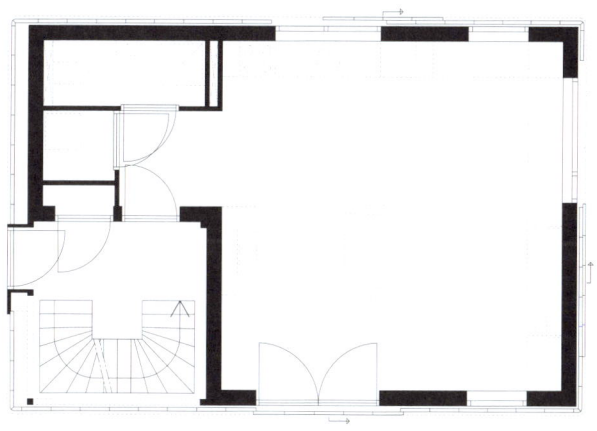

gerealiseerde woonmodule
living module as realized

Royaal wonen in 't klein · NEZZT

HomeBoxen – Han Slawik

ZEECONTAINERS OP HUN KANT HEL VERDICHTEN

SEA CONTAINERS ON THEIR SIDES HELP CITIES TO INCREASE DENSITY

Projectinformation

Runner-up: Prof. Han Slawik, architect
Engineer: Ingenicon, engineer D.J. de Jong
Producer MicroBoxen: Ihr. Tischler Team
Construction period: 5 months, erected on site in 1 day
Gross floor area of 2 HomeBoxen: 24.95 m², including MicroBoxen
BouwEXPO site: 99 m²
Weight per HomeBox: 4300 kg

Bedenker Prof. Han Slawik van de Universiteit van Hannover is al jaren in de ban van zeecontainers. 'Vanwege de transportmogelijkheden, de universele afmetingen, de kosten en de bruikbaarheid.'

Prof. Han Slawik, an inventor and Prof. at the University of Hannover has been fascinated by sea containers for years. 'Because of the transport possibilities, the universal dimensions, the costs and the functionality.'

Vanuit dat idee deed hij dertig jaar geleden mee aan een prijsvraag die de gemeente Almere uitschreef. Die ging over tijdelijk wonen. 'Daarvoor heb ik een ontwerp ingediend. Ik bouwde vijf verticaal staande, aan elkaar gekoppelde vrachtcontainers, in oranje-rood. Het was het eerste huis in Europa op basis van stalen zeecontainers.' Met het idee van de zeecontainer ging Slawik verder. Hij bouwde voor straatkinderen in Hannover een opvang, door de betrokken wethouder een 'bed by night' genoemd. En in Hamburg bouwde hij het drijvende expositiegebouw IBA DOCK.

HomeBoxen nieuw leven inblazen

Voor de BouwEXPO koos de professor voor een uitvoering van hout, ook omdat het onderhoud aan een stalen constructie duur is. 'Houten constructies kun je eenvoudiger repareren. Het is eenvoudiger te bewerken.

On the strength of that idea, Slawik took part in a competition organized by the municipality of Almere thirty years ago. That was about temporary living. 'I submitted a design featuring five upright orange-red freight containers connected to one another. It was the first house in Europe made from steel sea containers.' Slawik continued to explore the idea of using sea containers and built a shelter for homeless children in Hannover, called a 'bed by night' by the alderman involved. And in Hamburg he built a floating exhibition pavilion called IBA DOCK.

Reviving the HomeBox

For the BouwEXPO, the professor chose a model in wood because of the high cost of maintaining a steel structure. 'Wooden structures are easier to repair, easier to adapt. Wood is also an environmentally friendly material and feels warmer to the residents.' In addition to their potential to

Tijdelijke dorpen voor evenementen wereldwijd.

Temporary villages for events all over the world.

Hout is ook nog eens milieuvriendelijk materiaal en voelt voor de bewoners warmer aan.' Naast gebruik in steden als verdichting, ziet Slawik HomeBoxen ook gebruikt worden bij evenementen. 'Je ziet dat voor een wereldkampioenschap voetbal er enorm veel accommodaties worden gebouwd, die na afloop leeg staan. Dat is doodzonde. Als ze met tweeduizend HomeBoxen containerdorpen zouden bouwen, dan kunnen ze alle bezoekers onderbrengen en na afloop per schip naar een volgend mega-evenement ergens in de wereld transporteren.'

Micro Boxen

Het grondvlak per HomeBox (zonder MicroBoxen) is 2,44 bij 2,89 meter. Op de increase density in cities, Slawik can see HomeBoxen being used for events. 'You see the huge volume of accommodation built for events like the World Cup in football, and much of it is left vacant after the tournament. That's a real shame. If you could build container villages with two thousand HomeBoxen you could house all visitors and then ship the containers to the next mega-event around the world.'

Micro Boxen

The footprint of each HomeBox (without MicroBoxen) is 2.44 by 2.89 metres. Two HomeBoxen are built at the BouwEXPO. One has two floors and the other three. They were delivered to the site by truck and positioned with a crane. Each HomeBox

HomeBoxen – Han Slawik

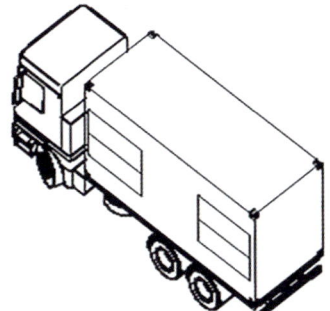

BouwEXPO staan twee HomeBoxen. Er zitten twee verdiepingen in de ene en drie in de andere. Ze zijn in Almere kant-en-klaar met een vrachtwagen met eigen hijskraan geleverd. Elke HomeBox werd binnen één uur geplaatst op de al voorbereide paalfundering.

Om aan het Bouwbesluit te voldoen ontkwam Slawik niet aan een vergroting van zijn huisje om de minimale oppervlakte van een verblijfsgebied te bereiken.

'Daarom hebben we de MicroBoxen bedacht, een soort serreachtige glazen kubussen, die we aan de onderste laag van de HomeBoxen zullen koppelen.' Deze moesten op het moment van spreken nog geplaatst worden.

was erected within an hour on the prepared pile foundations.

To comply with the Dutch Buildings Decree, Slawik couldn't avoid enlarging his house to create the minimum allowable area for a living space. 'That's why we came up with the MicroBoxen, glass cubes that look like greenhouses, which we will connect to the lowest floor of the HomeBoxen.' At the time of writing, these had yet to be put in place.

Six tea lights heat a floor

'You would think that it might perhaps be cold inside a HomeBox in the winter, but nothing could be further from the truth. Just six tea lights are enough to heat a whole floor in the winter. They will be fitted with electrical heating and infrared panels. Solar panels on

HomeBoxen – Han Slawik

Zes waxinelichtjes verwarmen een verdieping

'Je zou denken dat het in de winter wellicht koud is in een HomeBox, maar niets is minder waar. Met slechts zes waxinelichtjes hebben wij in de winter al een hele verdieping verwarmd. In de praktijk zal een elektrische verwarming worden geplaatst en wordt gebruikgemaakt van infraroodpanelen. De zonnepanelen op de platte daken leveren stroom,' zegt Slawik.

Wie in een HomeBox woont, maakt gebruik van een combinatietoilet. Toilet en wasbak zijn één standaardelement uit roestvaststaal, door Slawik gevonden in China. De wasbak is voorzien van een handdouche en de sanitaire ruimte heeft roestvrijstalen wanden. Ook de minikeuken is standaard, geen maatwerk. De totale hoogte van het huisje is 6,06 meter, de afmeting van de 20 voet zeecontainer op een vrachtwagen. Vanuit de gemeente was een paalfundering vereist. 'Passend bij het transportabel tijdelijke object had ik liever schroefpalen gehad. Maar dat maakte het project veel te duur.' Slawik wil de HomeBoxen in serie produceren. 'En dan ook als casco, zodat mensen die handig zijn zelf met de afbouw aan de slag kunnen.'

the flat roof generate power,' adds Slawik. The occupants of the HomeBox use a combination toilet. Toilet and washbasin are combined in one standard element made of stainless steel, sourced by Slawik in China. The washbasin is fitted with a hand-held shower head and the sanitary space has walls of stainless steel. The mini-kitchen is also standard, not customized. The total height of the house is 6.06 metres, which fits inside a 20-foot sea container on a truck. The municipality insisted on pile foundations. 'I would have preferred screw piles because they're more appropriate for a mobile temporary object. But that would have been too expensive.' Slawik wants to produce the HomeBoxen serially. 'And then as a shell so that people who are handy with their hands can complete it themselves.'

Jury:
De jury hoopt dat de eenvoud wordt behouden bij de eventuele uitwerking.

The jury hopes that its simplicity will be maintained in its elaboration.

De HomeBoxen zijn in 2018 geplaatst, de MicroBoxen worden er in 2019 bijgeplaatst.
The HomeBoxen were positioned in 2018, MicroBoxen will be added in 2019.

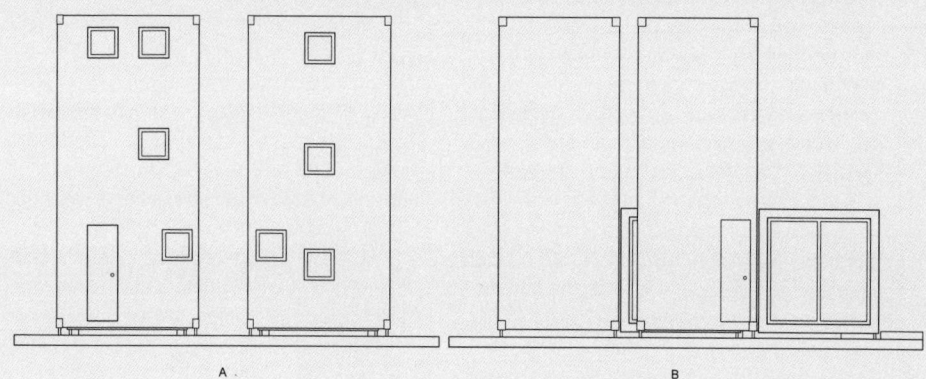

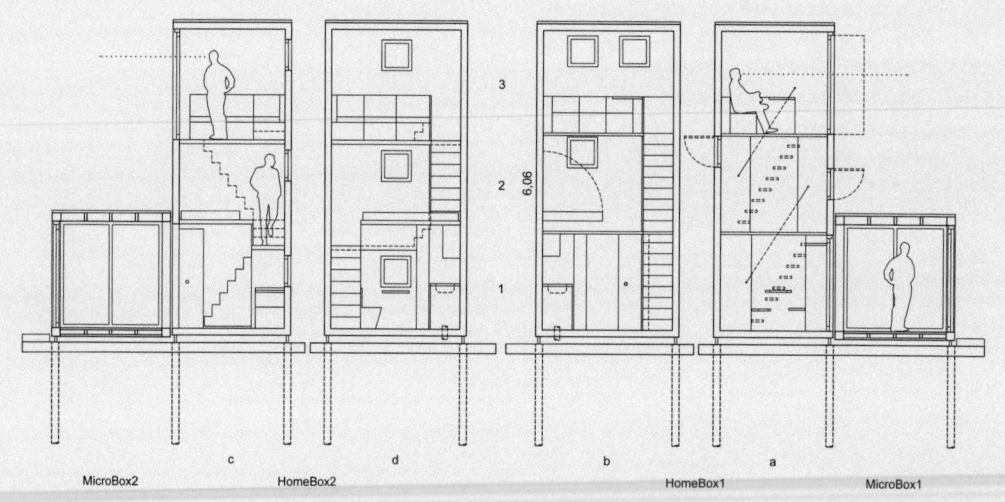

doorsnedes
sections

HomeBoxen – Han Slawik

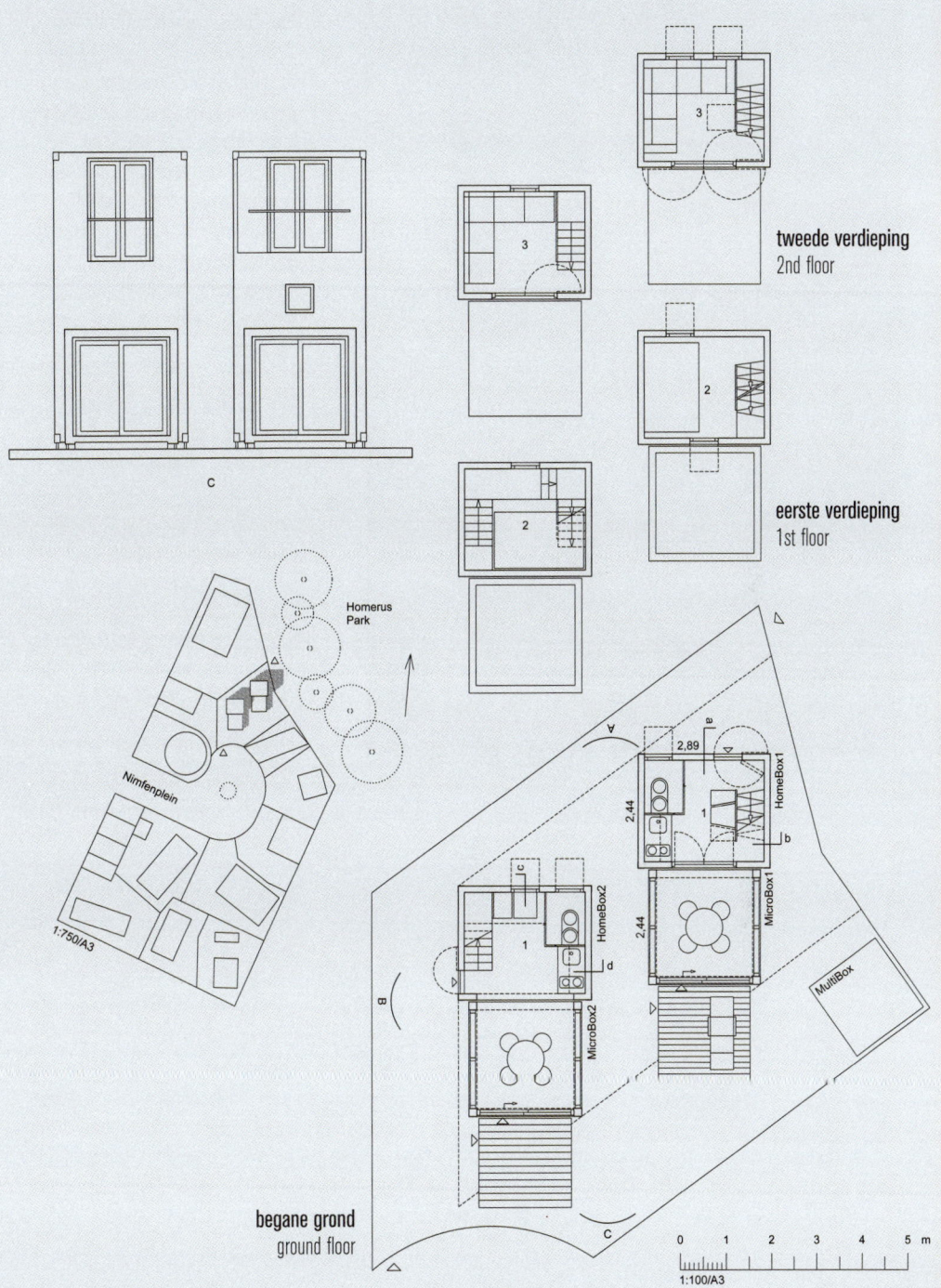

tweede verdieping
2nd floor

eerste verdieping
1st floor

begane grond
ground floor

Plantoetser gemeente Almere: 'Voor de kleine afmetingen van de HomeBoxen is de oplossing niet gevonden in de "gelijkwaardigheid", maar door de twee Boxen op begane grondniveau als één woning te beschouwen. Het gezamenlijk oppervlak verblijfsgebied op begane grondniveau voldoet aan het vereiste minimum. De vloeren op verdiepingsniveau zijn beschouwd als meubilair'.

The municipality of Almere assessed the plan: 'The solution to the problem of limited dimensions of the HomeBoxen was not found in the "equivalence principle", but by viewing the two Boxes at ground-floor level as one home. The shared surface area of living space at ground for level meets the minimum requirements. The floors above are categorized as furniture'.

HomeBoxen – Han Slawik

HomeBoxen – Han Slawik

Snuk · Leo Harders, Aldo Trim

EEN INTIEM HUISJE OM TIJDELIJK IN TE WONEN

AN INTIMATE HOUSE TO LIVE IN TEMPORARILY

Project information

Clients and winners: Leo Harders and Aldo Trim
Contractor for shell: Fiction Factory, Amsterdam
Engineer: IMd Raadgevende Ingenieurs
Interior contractor: Studio Nuance, Eindhoven
Construction period: one month factory production, one hour site assembly
Gross floor area: 28.6 m²
BouwEXPO site: 56 m²

Snuk · Leo Harders, Aldo Trim

Niet één, maar twee voorkanten. Zodat de gebruiker zelf kan kiezen waar hij gaat zitten. Tiny house Snuk is geboren uit het idee van een strandhuisje, maar komt ook in Almere goed tot zijn recht. Je kunt Snuk overal neerzetten, zelfs op een plat dak.

Not one but two fronts, so that the occupant can choose where to sit. Snuk tiny house was prompted by the idea of a beach cabin, but it's also fitting in Almere. You can place Snuk anywhere, even on a flat roof.

Architect Leo Harders zit in de welstandscommissie van de gemeente Veere. Daar viel het hem op dat de strandhuisjes er heel gesloten zijn en maar op één kant gericht. 'Dat moet beter kunnen, dacht ik.' Hij begon te schetsen en betrok collega-architect Aldo Trim bij het project. Toen de prijsvraag in Almere voorbijkwam, hebben ze hun tekeningen aangepast en Snuk ingediend.

Snuk kreeg twee voorkanten. Harders: 'Hierdoor kan de gebruiker zelf kiezen voor de oost-westoriëntatie waarbij hij van de opkomende en de ondergaande zon kan genieten. Of de noord-zuidoriëntatie, voor een warme en een meer koele zijde.' Aan beide kanten zijn de koppen schuin afgesneden. Dat biedt meer zoninval, maar ook privacy als er meer Snuks naast elkaar

Architect Leo Harders is a member of the design review committee in the municipality of Veere. It struck him that the beach cabins there are very introverted and face just one direction. 'That could be better, I thought.' He started to design and got fellow architect Aldo Trim to join him. When the Almere competition appeared, they adapted their drawings and submitted Snuk.

Snuk acquired two fronts. Harders: 'This allows the occupant to opt for either an east-west orientation to enjoy the rising and setting sun, or a north-south orientation to have a warmer and cooler side.' The tips of both sides are diagonal. That improves exposure to the sun as well as privacy if more Snuks are placed next to one another. The Snuk is maximally 3 metres wide inside and

worden geplaatst. Binnenin is de breedte van de Snuk maximaal 3 meter, de diepte varieert van 6,5 tot circa 9 meter. De oppervlakte ligt daarmee tussen de 18 en 27 m², In Almere is met 18 m² de kleine variant gerealiseerd.

Snuk past overal
Je kunt Snuk overal neerzetten. 'Binnen een stedelijke context, en vol in het landschap als een kleine gemeenschap. We plaatsen Snuk op zes Stelconplaten van twintig centimeter dik. We hebben nu een prototype gemaakt, maar het ontwerp is bedoeld om seriematig te produceren.' De versie die op de BouwEXPO staat heeft een tijdelijke bouwvergunning. Dat wil zeggen voor vijftien jaar. Snuk is een van de prijswinnaars in de categorie tijdelijk.

varies in depth from 6.5 to 9 metres. So the surface area ranges from 18 to 27 m². In Almere, the small 18 m² version has been built.

Snuk fits anywhere
You can build Snuk anywhere. 'In an urban context or in a remote landscape as a small community. We position Snuk on six Stelcon concrete slabs that are twenty centimetres thick. We've now made a prototype, but the design is intended for serial production.' The version at the BouwEXPO has a temporary permit. That is to say, for fifteen years. Snuk was one of the prize-winners in the 'temporary' category. To achieve the required level of insulation, Harders used steel on the exterior, with a complete wooden structure inside. 'The wooden structure with

Snuk · Leo Harders, Aldo Trim

Snuk heeft geen achterkant maar twee voorkanten.

Snuk has no back but two fronts.

  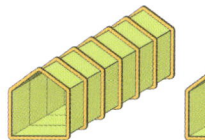 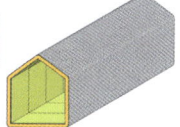

Om aan de vereiste isolatiewaarde te komen, maakte Harders gebruik van staal aan de buitenkant, met daarbinnen een volledig houten constructie. 'De houten constructie in combinatie met een 18 cm dikke houtwolvezelplaat is een uitermate goede isolator.' Aan weerskanten bevindt zich een aluminium pui, uitgevoerd met dubbel glas.
'We hebben de financiering zelf geregeld.' Harders stak geld in het project en vond een bevriende investeerder. 'We zagen dit als een kans om Snuk als regulier woonhuis gerealiseerd te krijgen.' Voor recreatiewoningen gelden namelijk minder zware eisen. Nu er een eigenaar is gevonden, wordt ook het casco ingevuld en is het huisje aangesloten op water en elektriciteit.

18-centimetre-thick wood wool fibreboard is an extremely good insulator.' The aluminium frame on both sides is fitted with double glazing.
'We arranged the financing ourselves.' Harders put his own money into the project and found a benevolent investor. 'We saw this as an opportunity to build Snuk as a regular house.' Holiday homes are subject to less stringent requirements. Now that an owner has been found, the shell is being fitted out and the house is connected to the water and power networks.

Snuk behoort met 18 m² woonoppervlak bij de kleinste woningen van de BouwEXPO.

At 18 m², Snuk is among the smallest homes at the BouwEXPO.

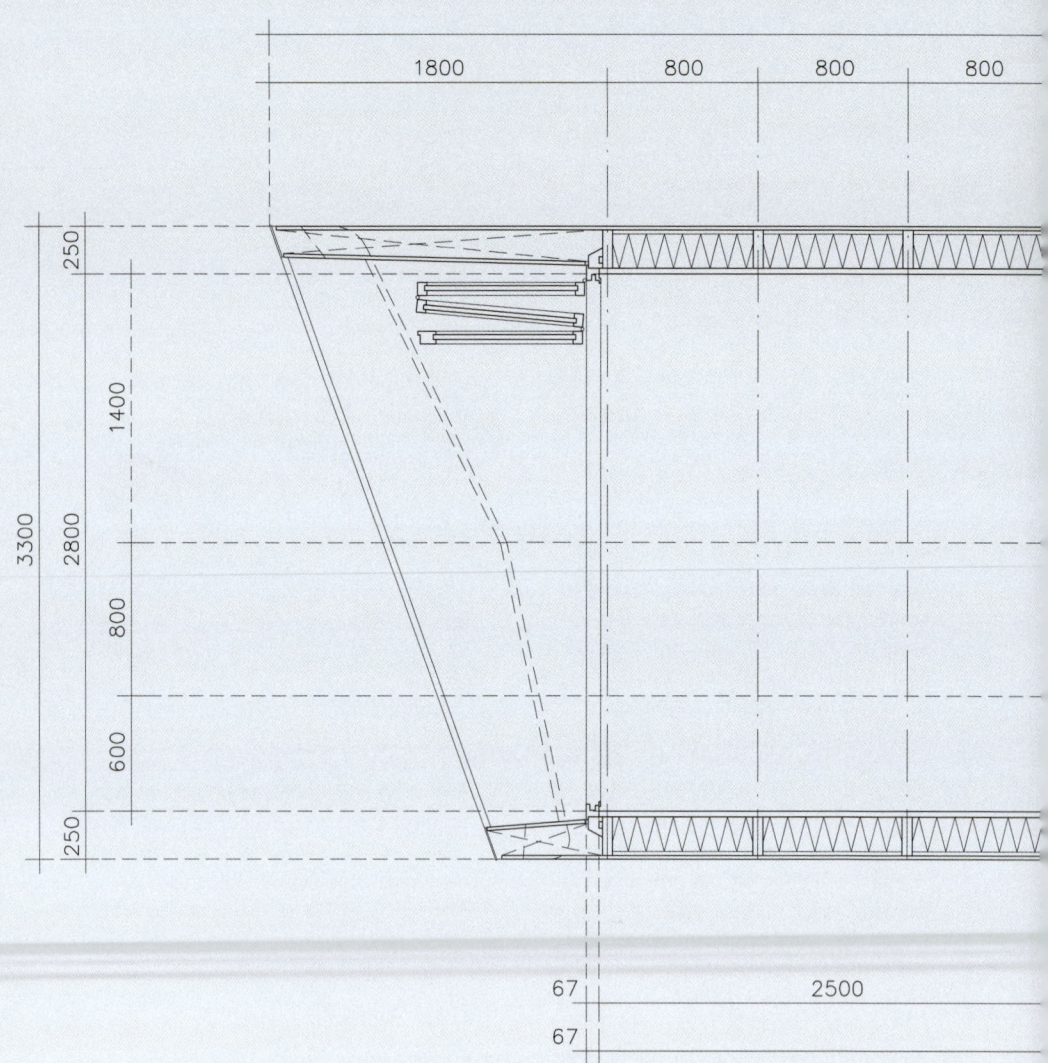

Snuk · Leo Harders, Aldo Trim

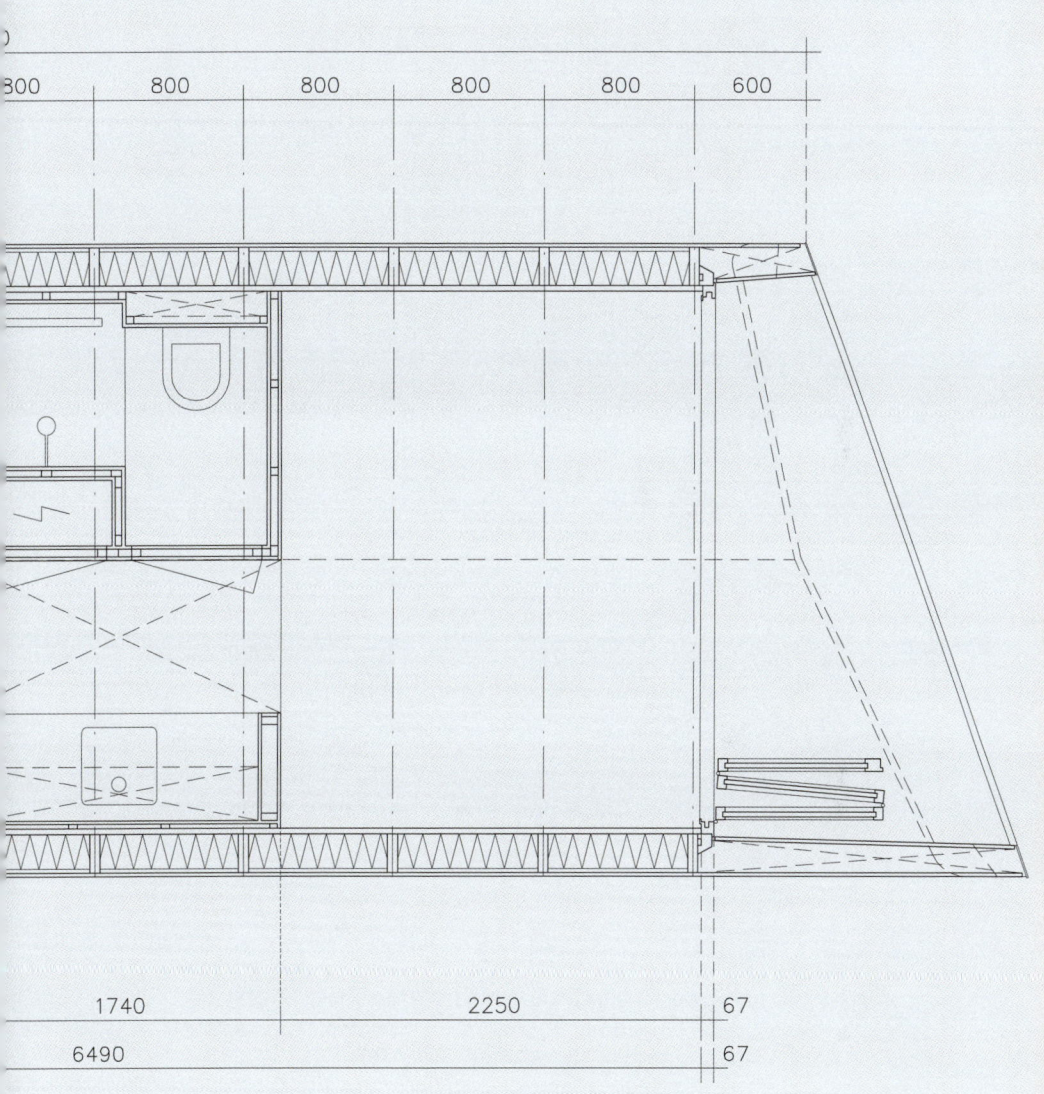

Snuk · Leo Harders, Aldo Trim

Aan beide zijden zitten ogen om het geheel op te tillen en op een dieplader te zetten.

Eyes on both sides allow it to be hoisted and placed on a flatbed trailer.

Snuk · Leo Harders, Aldo Trim

Industriële look spreekt aan André Voermans, woonachtig in Almere, heeft Snuk gekocht: 'Ik kwam regelmatig langs het terrein en was gecharmeerd van de kleine huisjes. Ik zag dit tiny house op funda en was meteen enthousiast. Ik ga er zelf niet in wonen, maar ik verhuur het. Ik hou van de industriële look van Snuk. Het is een klein huis, maar het zit heel logisch in elkaar. Daardoor heeft het plaats voor een woonkamer, slaapkamer, een douche, een wc en een keukentje. Onze Snuk heeft een prachtige ligging, aan zowel het plein als het park. Of de tijdelijke omgevingsvergunning nog een probleem voor me vormde? Nee, want op zich kun je de Snuk verplaatsen en de grond blijft van jezelf. Wat we dan precies doen, zien we dan wel weer. Hoe dan ook mag de bouwmassa nooit meer worden dan die van Snuk. In het bestemmingsplan is geregeld dat de supervisor erop toeziet dat een eventueel nieuw bouwinitiatief passend is. Zowel in de geest van de prijsvraag als ook in stedenbouwkundig opzicht.'

Attractive industrial look André Voermans, a resident of Almere, bought Snuk: 'I often visited the site and was enchanted by the tiny houses. I saw this tiny house on the funda property website and was immediately enthusiastic. I'm not going to live in it myself, but I'll rent it out. I like the industrial look of Snuk. It's a small house, but it's put together very logically. That's why it contains a living room, bedroom, shower, toilet and small kitchen. Our Snuk is wonderfully situated, facing the square and the park. Was the temporary environmental permit a problem for me? No, because you can relocate the Snuk and keep possession of the land. We'll see what we do if that arises. Whatever the case, the building volume cannot be greater than that of Snuk. The zoning plan determines that the supervisor must ensure that any new building initiative is appropriate, both in the spirit of the competition and the urban composition.'

Snuk · Leo Harders, Aldo Trim

EEN WOONLABORATORIUM IN VOL BEDRIJF

A HOUSING LABORATORY IN FULL SWING

Ton Idsinga
architectuurcriticus
architecture critic

Gemakzuchtige routine. Daarvoor was geen plaats bij de BouwEXPO Tiny Housing in Almere. Er moest bij het ontwerpen van huisjes kleiner dan 50 m² scherp aan de wind worden gevaren. Dat gold niet alleen voor de plattegrond en de inrichting, maar ook voor de gebruikte materialen, de bouwwijze, de energiehuishouding, de eventuele verplaatsbaarheid, en niet in de laatste plaats de kosten. Het was een niet geringe heksentoer om die puzzel gelegd te krijgen. Architect Daan Bakker na de realisatie van zijn Tiny-A: 'Het leuke aan die opgave was dat je alle dingen waar je normaal van uitgaat – belichting, verkeersruimtes, kamers, kasten, installatieruimtes – opnieuw ter discussie gaat stellen. Wat heb je nu écht nodig? Een entreehalletje? Tja. Kan de

The usual routine. No chance of that at the BouwEXPO Tiny Housing in Almere. The designers had to run a very tight ship and keep within the limit of 50 m². Running a tight ship was also needed when it came to floor plans and furnishings, and to the choice of materials, method of construction, energy management, possible mobility, and, naturally, costs. It was an incredibly complex puzzle to solve. As architect Daan Bakker reflected after completing his Tiny-A house: 'What I liked about this project is that I started to question everything I'd always taken for granted – lighting, circulation spaces, rooms, storage, installations. What do you really need? An entrance hallway? Hmm... Can you combine a wardrobe with a meter box? We rethought everything. Compactness was the goal. A stairs that doubles as a storage unit. We wanted to integrate as many things as possible.'

Varied and complete

But no matter how varied the task of coming

garderobe ook niet in de meterkast? Alles gingen we opnieuw bekijken. Compactheid, daar ging het ons ook om. Een trap die meteen een kast is. We wilden zoveel mogelijk dingen integreren.'

Gevarieerd en volwaardig

Hoe veelomvattend het bedenken van een niet te duur, compact, efficiënt en toch comfortabel huisje ook is, het ontwerpen begint uiteindelijk altijd met één idee, die het richtpunt vormt voor de verdere ontwikkeling van een plan. Die uitgangspunten waren bij de gerealiseerde tiny houses heel verschillend. Van de oervorm van een huis, woontorentjes, een geodetische koepel, moderne varianten van functionele woningbouw, een ingenieus (deels) kantelbaar huis tot huisjes die in de verte doen denken aan strandhuisjes of woonwagens. Hoe divers de wegen naar het ontwerp ook waren, alle tiny houses waren uiteindelijk toch de expressie van dezelfde bouwopgave: hoe kun je met minimale kosten een zo comfortabel mogelijk kleine woning creëren?
Maar voor wie?
De uit Amerika afkomstige term Tiny Houses roept bij veel mensen nog steeds het beeld op van piepkleine, meestal houten huisjes voor veelal alleenstaande mensen die zo goedkoop mogelijk willen wonen, het boek *Simplify your life* gespeld hebben en daardoor ook driftig aan het ontspullen en consuminderen zijn.
Veel bedenkers van de huisjes in Almere hebben zich echter in het geheel niet geconformeerd aan dit beeld van deze specifieke doelgroep. Bij navraag naar de gedachten over de beoogde bewoning bleek de algemene omschrijving 'een volwaardige woning bieden voor in principe iedereen die voor een compact huis kiest, en niet té oud is' een van de meest gebruikte karakteriseringen te zijn.
De bouwwijze mocht een avontuurlijk up with an affordable, efficient yet comfortable tiny house, design in the end always comes down to the initial idea, which then guides the elaboration of the design. The initial ideas that sparked tiny house designs differed considerably, ranging from a primal shape of a house, a tiny residential tower and a geodesic dome, to modern takes on functional housing and an ingenious and partly adjustable house that vaguely resembles a beach cabin or caravan. Despite the diversity of design approaches, all tiny houses were ultimately expressions of the same aim: to create the most comfortable tiny house with minimal means?
But for whom?
American in origin, the term 'tiny house' still conjures up in the minds of people an image of miniscule homes, mostly in wood, usually for singles who want to live as cheaply as possible, who've read the book *Simplify Your Life* and are therefore frantically reducing their possessions and consuming less. Many of the tiny houses in Almere totally fail to conform to this image. One of the most commonly heard characterizations of this type of home was 'a full-fledged house for anybody who chooses for a compact house, and is not too old'.
The method of construction could be an adventurous experiment, but in the eyes of the makers the house itself had to remain as generally accessible as possible. That was just one of the dilemmas faced by the designers.

Prototypes

By far the majority of the built houses can be considered as unique prototypes. 'Taking part enabled us to think freely,' commented architect Guus Peters, one of the pioneers who helped create an amazing assortment of pluriform micro-houses.
The most striking difference – besides the status of permanent (pile foundations) and

experiment zijn, de woonvoorziening zelf moest in de ogen van de bedenkers zo veel mogelijk algemeen toegankelijk blijven. Het was slechts een van de dilemma's die de ontwerpers op hun weg vonden.

Prototypes

Het overgrote deel van de gerealiseerde huisjes kan beschouwd worden als unieke prototypes. 'Door mee te doen konden we vrij denken', merkte architect Guus Peters na afloop op. Het werd pionieren, met de verrassende staalkaart aan pluriforme microhuisjes als gevolg.

Het meest in het oog lopende verschil – naast de status permanent (heien) en tijdelijk (niet heien) – is het fundamentele onderscheid tussen de zogeheten grondgebonden huisjes en huisjes die 'de hoogte ingaan'.

Voordelen van de torentjes zijn het kleine bebouwde oppervlak – niet meer dan 17 m^2 – de lichttoetreding, het uitzicht en de differentiatie van de woonruimtes per verdieping zonder dat hier binnenmuren voor moesten worden opgetrokken. Een nadeel is de noodzakelijke trap, die relatief veel ruimte in beslag neemt. De ontwerpers van huisjes met een trap ervoeren deze kwestie dan ook als dé bottleneck waar ze veel energie in hebben gestopt. De afmeting, steilte en eventuele afsluitbaarheid van de trap raakte bovendien direct de geldende bouwregelgeving op dit punt, waar veel over is gestoeid. De minimaal beschikbare ruimte dwong de architecten hun ontwerp tot in de kleinste details uit te dokteren, wat tot accurate, ingenieuze oplossingen leidde die in een doorsnee huis ondenkbaar waren geweest. Om een té grote beslotenheid van de kleine vertrekken te bestrijden is het creëren van ruimtelijkheid in het interieur een absolute vereiste, volgens architecte Ana Rocha. Zij voorzag haar Slim Fit toren dan ook met veel

temporary (no pile foundations) – is the fundamental distinction between so-called ground-access houses and houses that 'climb high'.

The advantage of more than one floor is the small plot of land – not larger than 17 m^2 – occupied, natural lighting, views, and differentiation of living spaces on each floor without the need for internal walls. A disadvantage is the unavoidable stairs, which takes up a comparatively large area. That's why the designers of houses with a stairs viewed this as the toughest bottleneck, and one that consumed much of their energy. Moreover, the dimensions, angle and possibility of enclosing the stairs raised many questions in relation to the applicable building regulations, sparking all sorts of discussion. The limited space available forced the architects to figure out their designs right down to the smallest details, resulting in meticulous and ingenious solutions that would have been unthinkable in your average house. According to the architect Ana Rocha, preventing the small rooms from feeling too claustrophobic and creating a sense of spaciousness in the interior was an absolute must. That's why her Slim Fit tower features large windows designed with great subtlety on each side.

Single-storey houses had no difficulty with such issues. The floor plan could be kept relatively simple, which generally enhances functionality. Moreover, the lightweight structure and limited wind load meant that some houses required no pile foundations. What was considered an ecological disadvantage was the relatively large plot occupied by single-storey houses.

The crux in designing any tiny house is that in optimizing the quality of living, the architect has no extra space in which to tackle sticking points. For example, a few extra square metres can normally transform an oppressive hallway into a generous

Een woonlaboratorium in vol bedrijf / A housing laboratory in full swing

finesse van grote vensters rondom. De huisjes van één verdieping hadden geen last van een dergelijke problematiek. De plattegrond kon in menig opzicht eenvoudig blijven, wat over het algemeen geen nadeel is voor de functionaliteit. Verder kunnen enkele huisjes door de lichte constructie en geringe windbelasting zonder paalfundering toe. Wat wel als een (ecologisch) nadeel werd gezien is het relatief grote ruimtebeslag van dergelijke lage huisjes.

De kern van het ontwerpen van een tiny house is dat bij het optimaliseren van de woningkwaliteit geen ruimte/oppervlakte beschikbaar is om soelaas te bieden aan knelpunten. Zoals bijvoorbeeld normaal gesproken met enkele vierkante meters extra een benauwd halletje omgetoverd kan worden tot een royale entree, is dat hier niet zo. Bij tiny houses wordt het ontwerpen op scherp gezet. Door de geringe 'speelruimte' was men aangewezen op een grote mate van inventiviteit.

Solide en betaalbaar

'We moesten wel door heel veel hoepels springen,' verzuchtte Oep Schilling na voltooiing van zijn Wikkelhouse. De bouwfysische toetsing van de constructie en de bouwregelgeving ondervond hij vaak als een 'muur van gedoe'. Hij had meer vrijheid verwacht. Een andere ontwerper was hier luchtiger over: 'Ik ga ervan uit dat dat Bouwbesluit er echt niet voor niks is.' Uiteindelijk bleek de bouwregelgeving niet écht een onoverkomelijk obstakel te zijn. Wat echter wel als een echte tegenvaller werd beschouwd, waren de uiteindelijke kosten. De vuistregel uit de praktijk – 1000 euro per m² voor de kale bouwsom – bleek onhaalbaar. Er werd veel geworsteld de tiny houses in een (ongunstige) tijd van een aantrekkende economie toch betaalbaar te houden. Het werd als koorddansen ervaren.

entrance, but not here. Designing a tiny house means raising the stakes. Limited flexibility demands a high level of inventiveness.

Solid and affordable

'We had to negotiate all manner of obstacles,' sighed Oep Schilling after completing his Wikkelhouse. He often felt that the process of testing the design for compliance with the building regulations was a 'lot of hassle'. He had expected greater freedom. Another designer made light of this issue: 'I assume that the Buildings Decree exists for good reason.' In the end, however, compliance did not prove to be an insurmountable obstacle.

But what was felt to be a real disappointment were the costs. The rule of thumb in practice – 1000 euro per m² for basic construction – proved unfeasible. Keeping the tiny houses affordable turned out to be a real struggle in the unfavourable climate of economic growth. It felt like walking a tightrope.

In addition to choosing suitable and affordable building materials, the architects had to rack their brains in weighing up the pros and cons of solar panels, connections to the district heating system, installations, high insulation standards and so on. Although the total basic building costs for the permanent houses – excluding the cost of land – were roughly between 80,000 and 120,000 euros, which is definitely affordable by Randstad standards, the tiny houses are still more expensive than considerably larger houses on the regular market when calculated per m². The main reason is that some costs are the same no matter how big or small the house, such as the cost of a bathroom/toilet, kitchen, connections to utilities and so on. Moreover, a small freestanding house has a comparatively large envelope, which is always a considerable cost item.

Naast het kiezen van geschikte en betaalbare bouwmaterialen bezorgden de keuzes voor eventueel zonnepanelen of aansluiting op de stadsverwarming, installatievoorzieningen, de hoge isolatienormen e.d. de architecten veel hoofdbrekens. Lagen de totale (kale) bouwkosten van de permanente huisjes – zonder grond – globaal tussen de 80.000,- en 120.000,- euro, wat voor de Randstad zonder meer betaalbaar is te noemen, per m² gerekend zijn de huisjes echter duurder dan aanzienlijk grotere woningen in de reguliere markt. De voornaamste reden is dat sommige kosten dezelfde zijn, ongeacht de grootte van de woning. Zoals voor een badkamer/toilet, keuken, aansluitingskosten nutsvoorzieningen e.d. Bovendien heeft een klein, vrijstaand huisje een – relatief gesproken – grote buitengevel, wat altijd een vrij aanzienlijke kostenpost is.

De bedenkers van de huisjes hielden zich niet alleen intensief bezig met de prijs van het casco en de installaties, maar ook met de afwerking en de kosten voor de toekomstige bewoners. Dit komt tot uiting in een overwegend heel functionele maatvoering. Zo hielden bijna alle ontwerpers rekening met de standaardmaten van keukens, huishoudelijke apparaten, bedden en ander meubilair. Mensen moeten niet té veel concessies doen om in een tiny house te wonen, zo was de gangbare mening. Ook nog eens het interieur helemaal apart laten ontwerpen werd wel erg begrotelijk gevonden. De meeste huisjes zijn inmiddels bewoond. Naar tevredenheid.

Met dank aan Oep Schilling, Ana Rocha, Guus Peters en Daan Bakker.

The designers of the houses worked intensively not only on the price of the shell and the installations, but also on the finishes and the costs for the future occupants. This is expressed in the highly functional dimensioning used almost everywhere. For example, almost all designers worked with standard dimensions for kitchens, household appliances, beds and other items of furniture. The general opinion was that people shouldn't have to make too many concessions to live in a tiny house. Designing the interior completely separately was deemed too expensive. Most of the houses are now occupied. Satisfactorily.

With thanks to Oep Schilling, Ana Rocha, Guus Peters and Daan Bakker.

Een woonlaboratorium in vol bedrijf / A housing laboratory in full swing

BEWONERS
RESIDENTS

WOONPIONIER
HOUSING PIONEER

Hennie Tibben, bewoonster van het Wikkelhouse, was de eerste bewoner van de BouwEXPO. Ze had een mooi koophuis in Utrecht van 100 m² met vier verdiepingen, maar besloot in 2015 dat ze haar leven om wilde gooien.

Hennie Tibben, the occupant of the Wikkelhouse, was the first resident of the Building Exhibition. Before she moved here, she owned a four-storey house in Utrecht, 100 m² in area, but in 2015 she decided to turn her life around.

Bewoners / Residents

Ik ben permanent op vakantie.

I'm always on holidays.

Ze wilde minder spullen en bewuster leven. Ze verkocht haar huis in Utrecht, zonder duidelijk alternatief. Met veel enthousiasme deelde ze het concept van het Wikkelhouse op social media zonder er erg in te hebben dat dit haar toekomstige woning zou worden. Totdat vrienden haar erop wezen dat het Wikkelhouse misschien wel iets voor haar zou zijn. Tibben werd in 2017 de eerste bewoner van de BouwEXPO en woont nu op 40 m² in plaats van 100 m². 'Wonen in het Wikkelhouse geeft mij een permanent vakantiegevoel. Wat mij zo aanspreekt aan dit huis is de kracht van eenvoud. De vorm, de uitstraling, het is een huis waar je gelijk van gaat houden. Bovendien kies ik heel bewust voor klein wonen, maar dit betekent niet dat ik een studentikoze woning wil. Ik wilde een volwaardige compacte woning en dat is het Wikkelhouse. Ik kan nu zelfs om mijn woning heenlopen. En ik heb een wilde bloementuin en moestuintje aan huis.' Tibben vindt dat de bewoner meer centraal moet komen te staan bij gemeente, bouwer en architect en dat er meer aandacht en woonruimte nodig is voor mensen die bewust klein willen wonen. 'Sinds ik hier ben gaan wonen en mij steeds meer bezig ben gaan houden met klein wonen – ik hou nu elke maand een lezing over dit thema – ben ik erachter gekomen dat er heel veel gelijkgestemden zijn: mensen die niet uit noodzaak maar uit pure overtuiging klein willen wonen. Het zijn starters én 50-plussers. Tegelijkertijd is de eengezinswoning nog steeds de standaard, terwijl een derde van de huishoudens uit één persoon bestaat en er steeds meer bij lijken te komen. Er moet meer vanuit de bewoner gedacht worden. Wat heeft hij of zij nodig? Daar wil ik me als woonpionier voor inzetten.'

She wanted fewer possessions and to live more consciously. So she sold her house in Utrecht, even though she didn't have a clear alternative. She shared the Wikkelhouse concept on social media without realizing that this would be her future home. That was until friends pointed out that the Wikkelhouse might perhaps be something for her. Tibben became the very first resident of the Building Exhibition in 2017, and now lives in a home of 40 m² instead of 100 m². 'Living in the Wikkelhouse makes me feel like I'm forever on holidays. What I like so much about this house is the power of simplicity. The shape, the appearance, it's a house you love at first sight. Moreover, I've chosen very consciously for a tiny house, but that doesn't mean I want a student flat. I wanted a full-fledged compact home, and that is the Wikkelhouse. I can even walk around my own home now. And I have a wild flower garden and vegetable garden.' Tibben thinks that residents should be a greater focus for the municipality, the builder and the architect, and that more attention and living space is needed for people who consciously choose for tiny housing. 'Since I moved here and have been more occupied with the idea of tiny housing – I give a lecture every month on this theme – I've discovered that there are lots and lots of like-minded people who choose for tiny housing not out of necessity but on the strength of a deeply held conviction. They are first-time home-owners and people over 50. Yet the single-family home is still the norm, even though a third of households consist of just one person, and that proportion seems to be increasing all the time. The needs of residents should be the main concern.
 What do they need? That's what I want to campaign for as a housing pioneer.'

Bewoners / Residents

Bewoners / Residents

Bewoners / Residents

TINY TOWER

TINY TOWER

Niek Heemskerk woont in een van de drie Tiny Towers. Hij heeft een huis van drie verdiepingen mét dakterras: vier keer 3 x 4,5 m².

Niek Heemskerk lives in one of the three Tiny Towers. He has a three-floor house with a roof terrace: four times 3 x 4.5 m².

Hij kocht zijn Tiny Tower omdat hij in Hilversum geen geschikte woning kon vinden. Kwam er een nieuw huis op funda te staan, dan was het dezelfde ochtend nog verkocht. Zelfs overbieden hielp niet. 'Dus ik breidde mijn zoekactie uit naar Almere. Ik schreef me in voor een kavel voor een tiny house op de BouwEXPO. Ik werd niet ingeloot maar had al wel veel uitgezocht. Uiteindelijk kreeg ik toch de kans om mee te doen met een van de drie Tiny Towers.' Hij heeft wel veel troep weggegooid toen hij verhuisde, maar niet uit ideologische overwegingen. 'Voor mij is dit huis, het winnende ontwerp van het architectenduo Geurt Holdijk en Guus Peters, een upgrade. Een volwaardig eigen huis, met links en rechts gelijkgezinde buren. De maandlasten zijn laag, waardoor ik meer budget over heb om met de motor op pad te gaan. En een garage voor de motor is er ook. Bij vrienden heb ik gezien dat een groot huis nooit af komt en vaak maar voor de helft gebruikt wordt. Mijn Tiny Tower wordt helemaal naar mijn ideeën gestoffeerd en ingericht en dan kan het woongenot beginnen.'

He bought his Tiny Tower because he couldn't find a suitable house in Hilversum. If a house appeared on the funda property website, it was sold the same morning. Even offering more than the asking price didn't help. 'So I widened my search to include Almere. I signed up for a tiny house plot on the Building Exhibition site. I wasn't selected but I'd done a lot of research. In the end I still had an opportunity to buy one of the three Tiny Towers.' He dumped a lot of possessions when he moved here, but not out of ideological considerations. 'For me, this house, the winning design by architects Geurt Holdijk and Guus Peters, is an upgrade. A full-fledged house of my own, with like-minded neighbours on both sides. The monthly charges are low, so I've more money to head off on my motorbike. And I have a garage for the bike too. I've noticed among friends that big houses are never finished, and often just half of them are ever used. My Tiny Tower will be furnished and fitted out exactly as it want, and then I can start to enjoy living there.'

Bewoners / Residents

Bewoners / Residents

Bewoners / Residents

SLIMME INDELING

SMART LAYOUT

Jenkau is oncoloog en werkt in het UMC in Amsterdam. 'Ik zocht een huis in Amsterdam, maar dat bleek bijna onmogelijk. Via via hoorde ik toen dat dit tiny house werd gebouwd in Almere.'

Jenkau is an oncologist and works at the University Medical Centre in Amsterdam. 'I was looking for a house in Amsterdam, but that turned out to be almost impossible. He heard through the grapevine that this tiny house was being built in Almere.'

Hij nam contact op met architect Guus Peters en ging samen met hem aan de slag voor de invulling van zijn Tiny Tower. Sinds 1 maart 2019 woont hij er. 'Het is groter dan ik verwacht had. Dat komt ook doordat we de ruimtes slim hebben ingedeeld. Op de begane grond zit de keuken, op de tweede verdieping heb ik een grote badkamer gemaakt. Daar maakte de architect al grapjes over, maar ik houd nu eenmaal van badderen.' De eerste verdieping biedt plaats aan een (niet al te grote) piano. Jenkau heeft ook een tuin en een dakterras. 'Het weer laat het nu niet toe om daar te gaan zitten. Het regent te hard. Maar in de zomer maken we zeker gebruik van die prachtige plek.'

He contacted architect Guus Peters and together they worked out his Tiny Tower. He's been living there since 1 March 2019. 'It's bigger than I expected. That's because we divided the space cleverly. The kitchen is on the ground floor, and we made a big bathroom on the second floor. The architect joked about that, but I just like bathing.' The first floor accommodates a piano (not too big). Jenkau also has a garden and roof terrace. 'The weather's not quite warm enough to sit there now. Too much rain. But when the summer comes we'll certainly make good use of that wonderful spot.'

Bewoners / Residents

Bewoners / Residents

CONNY'S HUISJE

CONNY'S HOUSE

Conny Brak liet haar huisje bouwen op een kavel in de Helenusstraat. Het ontwerp van architect Edwin Vermij staat trots tussen familiehuizen met drie woonlagen.

Conny Brak had her house built on a plot on Helenusstraat. The design by architect Edwin Vermij stands proudly alongside three-floor family houses.

Bewoners / Residents

Conny Brak liet haar huisje bouwen op een kavel in de Helenusstraat. Het ontwerp van architect Edwin Vermij staat trots tussen familiehuizen met drie woonlagen. Conny was een van de 245 deelnemers aan de ideeënprijsvraag, maar behoorde niet tot de winnaars. Dit weerhield haar er niet van om haar plan door te zetten. Hier wil ik oud worden, ik heb het bewijs geleverd dat een tiny house niet misstaat tussen de grote huizen'. Toen mijn zoon het huis uit was, ben ik van een ruime eengezinswoning naar een ruim appartement verhuisd. De omslag kwam voor mij toen ik, vanwege een gecompliceerde armbreuk, dag en nacht in een stoel kwam te zitten. Twee maanden lang leefde ik op 5 m² en had alles bij de hand wat ik nodig had. Ineens ervaarde ik al die ruimte als overbodig, als een last. De vraag is dan waarom woon je zo groot? Ik vind dat je je moet afvragen of we niet moeten ophouden met alsmaar groter te willen. En dat kun je overal in doorvoeren. In je huis, in je salaris, in je garderobe, in je hoeveelheid spullen, in je energieverbruik.

Maar "off-the-grid" wonen gaat mij te ver. Ik wil zuinig omgaan met energie, maar wil wel alle comfort behouden. Om de stap te maken van mijn grote appartement naar dit huisje betekende ook "ontspullen". Ik had 800 boeken en stapels cd's, alle boeken heb ik weggedaan, de muziek heb ik gedigitaliseerd. Mijn huis is nu aanzienlijk kleiner, gelijkvloers, heeft geen gangen en tussendeuren, kost minder tijd om schoon te houden. Ik heb zo veel meer tijd en geld om te doen wat ik belangrijker vind: lezen, tuinieren, wandelen, theater en musea bezoeken.

De buurman is helemaal weg van Conny's huisje. Hij bouwt zelf een veel grotere woning, maar laat zijn vrienden eerst en vooral het huisje van zijn buurvrouw zien.

Conny was one of the 245 participants in the ideas competition, but wasn't among the winners. But that didn't stop her turning her idea into reality. 'I want to grow old here. I've provided proof that a tiny house doesn't look out of place among big houses. When my son left home, I moved from a spacious single-family home to a spacious apartment. The turning point for me came when I had to sit in a chair day and night because of a complicated arm fracture. I spent two months living on 5 m² and had everything I needed close at hand. I suddenly felt all that space as a burden. So the question is, why live in such a big house? I think you have to ask why we don't abandon the idea of always wanting things bigger. And you can apply that thinking to anything – your house, your salary, your wardrobe, your possessions, your energy consumption.

But living "off-the-grid" is a step too far for me. I want to be economical with energy, but I still want all the comforts of home. Making the move from my big apartment to this tiny house also meant "less clutter". I had 800 books and stacks of CDs. I got rid of all the books and digitalized the music. My house is now considerably smaller, just one floor, has no corridors or internal doors, takes less time to clean. I've so much more time and money for more important things: reading, gardening, walking, going to the theatre and museums.'

Conny's neighbour really loves her small house. He's building a much bigger house, but he likes to take friends to see Conny's house first.

Bewoners / Residents

Bewoners / Residents

De tiny houses worden bewoond.
The tiny houses are lived in.

Bewoners / Residents

LEVEN ALS PLUK

LIVING LIKE PLUCK

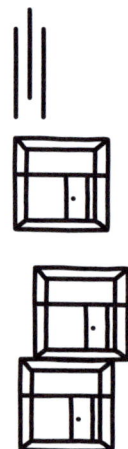

Aaf Brandt Corstius
columnist
columnist

Er is eigenlijk niets aan klein wonen dat ik niét aantrekkelijk vind. De overzichtelijkheid. De noodzaak om al je spullen weg te doen, of in ieder geval te reduceren tot je tien lievelingsboeken en een capsulegarderobe. De extreem geslonken, of niet bestaande, hypotheek, die erbij hoort. Slapen op een vlierinkje.
Ja, dat is allemaal even aanlokkelijk, al zullen er mensen zijn die geen afscheid kunnen nemen van hun schoenenverzameling, hun postzegelalbums en hun pannencollectie, en voor die mensen zal het moeilijker zijn. Maar aangezien de wereld inmiddels de spullenpiek – mooi woord – heeft bereikt, en het alsmaar vergaren van spullen ook uiterst belastend voor het milieu schijnt te zijn, meer nog dan vliegen

There's actually nothing about tiny housing I don't find appealing. The clarity. The necessity to give up all your possessions, or at least to reduce them to ten favourite books and a miniscule wardrobe. The considerably smaller, or non-existent mortgage, that comes with it. Sleeping on a tiny attic floor. Yes, all that is appealing, though there are no doubt people who cannot part with their stock of shoes, their stamp albums, their collection of pots and pans, and it will be tougher for them. But now that the world has reached 'peak stuff', and constantly accruing things appears to put a huge strain on the environment, even more than flying or eating meat, it's not such a crazy idea to force yourself, by means of a tiny house, to shed stuff, and especially: to buy nothing else.
Twice I've strolled around the tiny housing site in Almere Poort. The first time was with my family on the open day of the Bouw-EXPO; the second was on a wet and windy Monday, when there was no public and the houses just stood there, well, alone. Just as houses tend to do.

en vlees eten, is het op zich geen gek idee om jezelf, middels een klein huis, te dwingen tot ontspullen en vooral: er niets meer bijkopen.

Al twee keer waarde ik rond op het tiny pleintje in Almere Poort. De ene keer op een open dag van de BouwEXPO, met mijn gezin, de andere keer op een winderige, regenachtige maandag, toen er geen publiek was en de huisjes er gewoon, welnu, stonden. Zoals huisjes dat plegen te doen. Die eerste keer was het leuk dat we overal naar binnen mochten en de slaapvlierinkjes en handige kastsystemen mochten bekijken, maar de tweede keer had eigenlijk nog meer charme, want nu was het écht. Het echte leven, van de echte mensen, in de echte kleine huisjes. Ineens drong het tot me door: dit is geen openluchtmuseum, hier wonen ze, hier leven ze, hier zetten ze met kerst een minikerstboom in de miniwoonkamer.

Het is in Nederland niet makkelijk om je met je kleine huis ergens te vestigen, want er is bijna geen plek voor. Nou ja, er is heus wel plek, maar er is weinig plek die door gemeentes goedgekeurd is voor tiny bewoning. Daarom is het leuk dat Almere die plek wel heeft.

Zelf heb ik een tijdlang parttime in Almere-Buiten gebivakkeerd, omdat mijn man, toen vriend, daar toen woonde, en ik vond het er altijd heerlijk. Mensen van buiten Almere hebben de neiging er, om volstrekt ondoorgrondelijke redenen, op neer te kijken, maar ik genoot van het groen, de handige trein, de Hema, alle fietspaden. En van het gloednieuwe huis waar mijn vriend in woonde, mét garage en tuin – dat was in Amsterdam, waar ik woonde, een ongekende luxe.

Juist in de gemeente waar mensen heentrekken omdat ze meer plek willen, is nu dus plek voor mensen die kleiner willen wonen. Dat zal wel iets met een pioniersmentaliteit te maken hebben: of je nu naar een nieuwe plek wilt omdat je daar een groter huis kunt

The first time it was great to get a glimpse indoors and see the small sleeping levels and clever storage systems, but the second time was far more charming, because this was for real. The real lives of real people, in real tiny houses. Suddenly it dawned on me: this is not an open-air museum; they really live here. When Christmas comes around, they'll put a tiny tree in that tiny living room.

It's not easy to find a spot to settle down in your tiny house in the Netherlands because there's hardly any space available. Well, there is plenty of space, but none approved by municipalities for tiny housing. So it's great that Almere has done exactly that.

I myself once spent some time in Almere-Buiten when my husband, then boyfriend, lived there, and I always loved it. For reasons totally unknown, people from outside Almere have a tendency to look down on the place, but I enjoyed the greenery, the convenient train connection, the Hema store, the cycle lanes. And the brand-new house where my boyfriend lived, with a garage and garden – an unprecedented luxury in Amsterdam, where I was living.

That municipality to which people move because they need more space now provides space for people who want smaller homes. Probably that's got something to do with a pioneer mentality. Whether you want to go there because you can buy a bigger house, or because you want to build a mini-paradise, it doesn't really matter: you just want something new. Almere is the Dutch answer to the prairie.

It just goes to show – I realized on that windy Monday morning – that those houses are very representative of our times. Not only because we need to make do with less stuff and live more sustainably. But also because we are changing too. We increasingly live alone. We travel more. We don't necessarily have to live close to where we work. Or we work from home. All we need is a tiny laptop

kopen, of juist omdat je er een miniparadijs wilt bouwen, het maakt eigenlijk niet uit: je wilt iets nieuws. Almere is de prairie van Nederland.

En zo zie je ook – besefte ik op die winderige maandagmorgen – dat die huisjes heel representatief zijn voor onze tijd. Niet alleen omdat we moeten ontspullen en verduurzamen. Maar ook omdat we zelf veranderen. We wonen veel vaker alleen. We reizen meer. We hoeven niet meer per se vlakbij ons werk te wonen. Of we werken in huis. We hebben alleen een piepkleine laptop nodig om alles te doen wat we vroeger in een groot, log kantoorgebouw deden. Rijen en rijen met eengezinswoningen voor man, vrouw, kind en kind voldoen niet meer; aan het eind van zo'n rij kan beter een gebouw geplakt worden waarin drie, of zelfs vier, vrijgezellen kunnen wonen, of latters, expats of werknomaden, die niets hebben aan een garage, een zolder, een enorme keuken en drie slaapkamers.

Een samenleving vol petteflats, zo zag ik het ineens voor me, naar de eerste beroemde Nederlandse tiny housebewoner, Pluk van de Petteflat. Het is niet voor niets dat dat boek nog steeds zo aanslaat bij kinderen. De volstrekte vrijheid en overzichtelijkheid van leven in een torenkamer bovenop een (pette)flat, met uitzicht over daken en meeuwen, met een winkeltje in de buurt, en een park, en bevriende buren, maar zonder de rompslomp van een gigantisch huis.

Leven als Pluk, dat gaan meer mensen doen. Bovenop, in of naast, een petteflat. Of in een weiland, een bos, of op een stukje land. Tussen alle doemscenario's en klimaatprotesten is dat nu eens iets heel vrolijks om naar uit te kijken.

to do what we used to do in a big, unwieldy office building. Rows and rows of family homes for married couples with two kids no longer suffice. You're better off sticking another building onto the end of one of those rows to house three or even four singles, expats, work nomads, people with long-distance relationships. In other words, people for whom a garage, attic, vast kitchen and three bedrooms mean nothing.

A society full of 'petteflets', that's how I imagine it, in honour of the first famous Dutch resident of a tiny house: *Pluk van de Petteflet*, the classic children's novel known in English as *Tow-Truck Pluck*. There's a reason why this book from 1971 still appeals so much to children. The complete freedom and clarity of life in a small room in a tiny tower perched on top of a big building, with a view of the roofs and the seagulls, with a shop nearby, and a park, and friendly neighbours, but without the hassle of a huge house.

Living like Pluck. More and more people are going to do just that. Living in tiny houses on top of, inside or next to other buildings. Or in a field, a forest, on a plot of land. Amid all the doomsday scenarios and climate protests, that's a reason to be cheerful.

Leven als Pluk / Living like Pluck

Vijfduizend belangstellenden.

Five thousand interested visitors

In oktober 2017 organiseerden de Stichting Tiny House Nederland en Kunstlinie Almere Flevoland samen met de gemeente Almere de Grote Tiny Manifestatie. Vijfduizend bezoekers trotseerden de regen.

In October 2017 the Tiny House Netherlands Foundation and Kunstlinie Almere Flevoland, together with the municipality of Almere, staged the Big Tiny Event. Five thousand visitors braved the rain.

'Wanneer de vraag naar tiny houses overduidelijk groot is en grond het enige probleem, wordt het dan niet tijd om de bestemmingsplannen te veranderen?'

'When the demand for tiny houses becomes patently enormous and land remains the only problem, isn't it time to change the development plans?'

Marjolein Jonker, oprichter en projectleider Stichting Tiny House Nederland
founder and project manager of Tiny House Netherlands Foundation

REDENEN VOOR KLEIN WONEN

REASONS FOR SMALL HOMES

Redenen voor klein wonen / Reasons for small homes

Het is belangrijk om iedereen die kleiner wil wonen in beweging te krijgen zodat doorstroming ontstaat.

It is important to ensure that everybody who wants to downsize can do so, thereby boosting mobility on the housing ladder.

Klein wonen kan heel goed in nieuwe en bestaande wijken. Kleine huisjes hebben minder grond en bouwmaterialen nodig.

Small homes are very appropiate in new and existing neighbourhoods. Small homes require less land and less building materials.

Redenen voor klein wonen / Reasons for small homes

Veel BouwEXPO-huisjes zijn bedacht om compacte buurten te maken. Met de buren nabij. Want over vrije plekken in de natuur moeten we eerlijk zijn: die zijn planologisch beschermd.

Many BouwEXPO-houses were conceived to create compact communities, with neighbours nearby. After all, let's be honest, when it comes to plots in the heart of nature: they are protected by planning legislation.

Redenen voor klein wonen / Reasons for small homes

Redenen voor klein wonen / Reasons for small homes

Minidorpen in stedenbouwkundige plannen zijn ook een antwoord op het vraagstuk van vereenzaming.

The integration of mini-villages in urban development plans is also an answer to the question of loneliness.

Het kleine huisje als ontwerppuzzel. Het zijn prototypes die nieuwe wegen respresenteren wat betreft programma, techniek en architectuur.

The tiny house as design puzzle. These are prototypes that represent new approaches to programme, technology and architecture.

Knip, vouw, lijm: het resultaat is Tiny-A.
Cut, fold, glue: the result is Tiny-A.

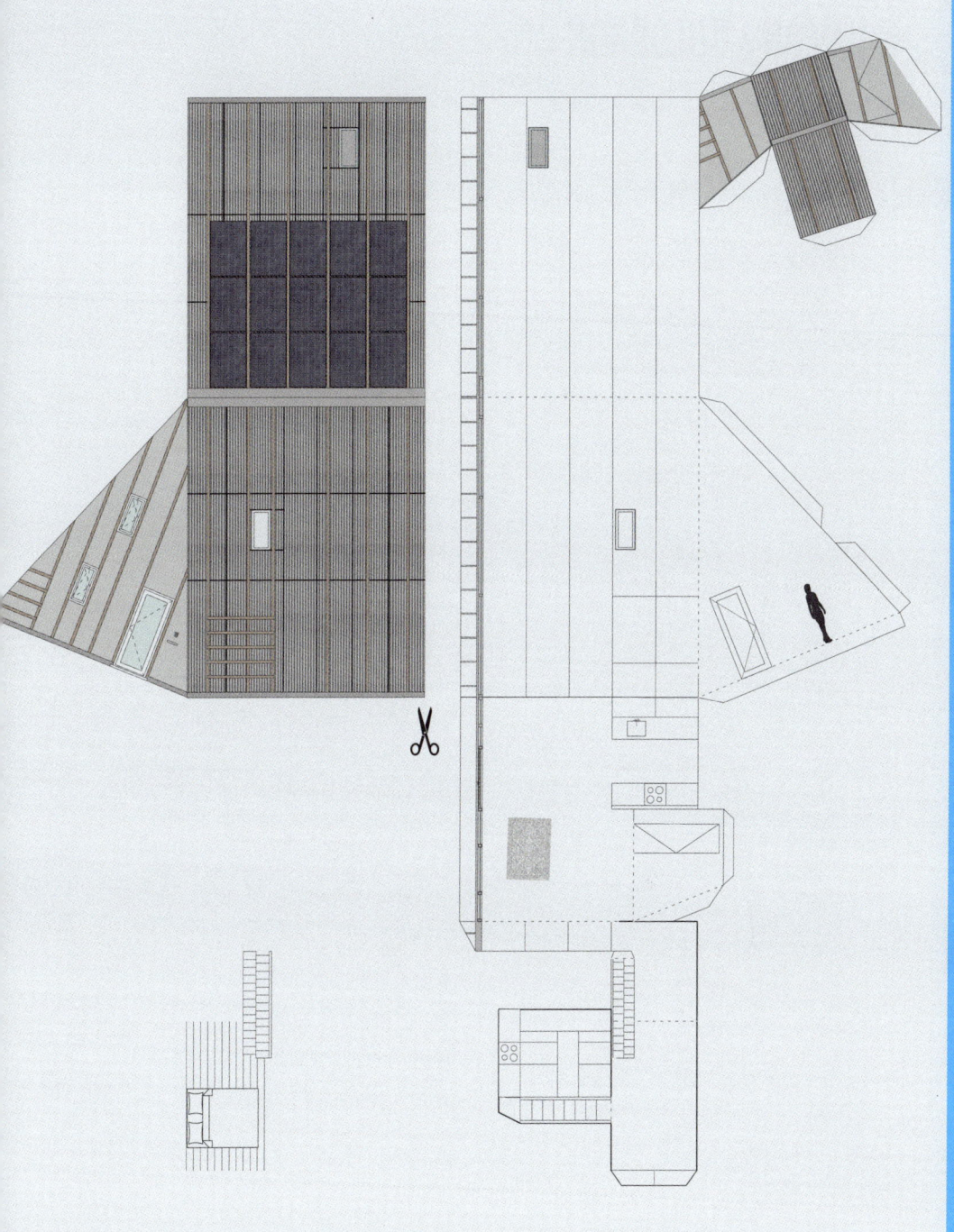

COLOFON / COLOPHON

© 2019 Woningbouwatelier / Housing Atelier
& Uitgeverij THOTH / THOTH Publishers
Nieuwe 's-Gravelandseweg 3
1405 HH Bussum, the Netherlands
WWW.THOTH.NL

Deze publicatie is mede mogelijk gemaakt door het programma Almere 2.0.
This publication is made possible with the support of the program Almere 2.0.

Tekst en samenstelling / Text and compilation: Jacqueline Tellinga

Redactioneel advies en productie / Editorial advice and production: Saskia Voest

Vertaling / Translation: Billy Nolan

Fotografie / Photography: Adrienne Norman

Art-direction en Vormgeving / Art-direction and Design: Stratford Design, Eva de Lange & Walter van Gerwen

Illustraties / Illustrations: Robert Vulkers

Basisteksten De huisjes en Bewoners / The houses and Residents' basic texts: Joline Roderman, Ronald Bruins, Jan de Jager

Lithografie / Lithography: Mischa Bonis

Druk- en bindwerk / Printing and binding: Drukkerij Wilco, Amersfoort

Distributie buiten Nederland en Vlaanderen / Book distribution outside the Netherlands and Flanders:
Idea Books Amsterdam
www.ideabooks.nl

Deze uitgave is met de meeste zorg samengesteld. Indien de informatie in deze publicatie onjuistheden blijkt te bevatten, kunnen de auteurs noch de uitgever daarvoor aansprakelijk worden gesteld.
This publication has been compiled with the greatest care. Neither the authors nor the publisher can be held responsible for any inaccuracies in the information contained in this publication.

Illustratieverantwoording / Picture credits:
Roos Aldershoff 248, 250, 258; DaF-architecten 118, 120, 131, 134; Maarten Feenstra 35; IC4U©Hans Peter Föllmi 164, 172; Geertfotografeert.nl 40-45, 116, 144, 182, 220, 230; Mairi Hüüdma 155; Oliver Moosus 152; Ricky Rijkenberg 179, 180; Han Slawik 240, 244-245; studio RTM 140; Hennie Tibben 219; Topshot.nl 311; Tõnu Tunnel 150, 158; Yvonne Witte 192, 194, 201, 204-205; Christiane Wirth 105, 106, 110, 113. Tekeningen, renderings / Drawings, renderings: BouwEXPO deelnemers / participants.

De uitgever heeft ernaar gestreefd de rechten van de illustraties te regelen volgens de wettelijke bepalingen. Degenen die desondanks menen zekere rechten te kunnen doen gelden, kunnen zich alsnog tot de uitgever wenden.
The publisher has endeavoured to arrange the rights to the illustrations in accordance with the legal stipulations. Anyone who, despite this, is of the opinion that other copyright regulations could be applicable should contact the publisher.

All rights reserved. No part of this publication may be reproduced, stored in a retrieval system, or transmitted, in any form or by any means, electronic, mechanical, photocopying, recording or otherwise, without prior written permission from the publisher.

ISBN 978 90 6868 783 5

De BouwEXPO Tiny Housing is een initiatief van de gemeente Almere in samenwerking met het Woningbouw-atelier. Het Woningbouwatelier is een samenwerkingsverband tussen de gemeente Almere, het Rijksvastgoedbedrijf en het Ministerie van Binnenlandse Zaken. Het geeft met grensverleggende experimenten een impuls aan de diversiteit, toegankelijkheid en kwaliteit van de Almeerse én Nederlandse woningmarkt. Het Woningbouwatelier is onderdeel van het programma Almere 2.0. Met dit programma werkt de gemeente Almere samen met de provincie Flevoland en het Rijk aan de integrale stedelijke ontwikkeling van Almere om bestaande kwaliteiten te versterken en de stad verder te ontwikkelen als een toekomstbestendige groene, duurzame en levendige stad.

The BouwEXPO Tiny Housing is an initiative of the Municipality of Almere in collaboration with the Woningbouwatelier (Housing Atelier). The Housing Atelier is a collaboration between the Municipality of Almere, the Central Government Real Estate Agency and the Ministry of the Interior. It supports pioneering experiments that stimulate the diversity, accessibility and quality of the housing market in Almere and throughout the Netherlands. The Housing Atelier is part of the programme Almere 2.0, in which the Municipality of Almere works with the Province of Flevoland and the Central Government on the integral urban development of Almere to strengthen existing qualities and to develop the city further as a future-proof, green, sustainable and vibrant city.

De BouwEXPO Tiny Housing is een samenwerking van:
The BouwEXPO Tiny Housing is a collaboration involving:

Documentairemaker Robert Wiering,
Kunstuur 1 oktober 2017

Rijksdienst voor Ondernemend Nederland

Met dank aan alle deelnemers en bewoners van de BouwEXPO Tiny Housing en de medewerkers van de gemeente Almere.
With thanks to all participants and residents of the BouwEXPO Tiny Housing and staff at the Municipality of Almere.

bouwexpo-tinyhousing.almere.nl